L'UX Design, introduction à une pratique révolutionnaire

Antoine Monchecourt

L'UX Design, introduction à une pratique révolutionnaire

© Antoine Monchecourt éditions, 2015

E1 rue des tilleuls

33470 Le Teich

monchecourt.com

ISBN 978-2-9545954-0-5

Sommaire

INTRODUCTION

« L'écriture est la symbolisation de la symbolisation » Edward T. Hall

Le passage de l'approche shanonnienne de la communication à la vision orchestrale telle que Winkin (Winkin, La nouvelle communication, 1981, p. 13) (Winkin, Anthropologie de la communication, 1996, p. 90) la résume, est basée sur l'interaction entre les hommes dans une dimension culturelle. Cette façon interactionniste de voir la communication révolutionne de nombreux domaines qui ont poussé les chercheurs à se concentrer sur le langage, les mouvements avec la kinésique, la position dans l'espace avec la proxémique, la communication digitale, la digitalisation de la communication animale de l'homme telle qu'elle est définie par Watzlawick, Helmick Beavin et Jackson[1] (Watzlawick, Helmick Beavin, & Jackson, Une logique de communication, 1972, pp. 57 ch. 2-5) est apparue il y a 50 000 ans d'après ce que nous savons. L'homme passe du cri au langage, puis au langage du langage : le méta -langage, qui lui permet de réfléchir à ses propres pratiques de communication.

Puis vient la création de nouvelles modalités de communication, l'écriture en fait partie. C'est pourquoi, j'ai pris cette citation de Edward T. Hall qui illustre parfaitement le côté

---

[1] La façon dont Watzlawick explique l'apparition probable du langage est formidable, le lecteur qui a des enfants peut y voir une analogie.

« méta » de l'écriture. L'écriture est dépourvue de communication analogique, si on prend un livre au sens basique : composé de mots et de lettres. Quand on commence à lire, on se rend compte que l'auteur décrit avec des mots, surtout s'il s'agit d'un roman, toute la communication analogique et digitale pour reproduire la relation dyadique analogique et digitale.

La communication audio comme la radio ou le téléphone permet de faire passer une partie de communication analogique, d'où l'importance du fameux sourire qu'on demande aux téléconseillers d'avoir, quand ils parlent au téléphone. Notons tout de suite la différence importante dans ce raisonnement entre la radio et le téléphone. La radio est un moyen de communication informatif, comme le livre qui ne crée pas d'interaction, contrairement au téléphone. Cette différence est très importante, car l'absence de communication analogique dans les nouveaux moyens de communication, qui sont purement de l'ordre du digital, est dans l'interaction principalement et surtout dans cette recherche réciproque perpétuelle de saisir la relation telle qu'elle est définie par Watzlawick, Helmick Beavin et Jackson (Watzlawick, Helmick Beavin, & Jackson, Une logique de communication, 1972, pp. 49 ch.2-3). Pour illustrer ceci, il suffit de revenir à cet exemple simple : si vous dites bonjour sur un ton neutre, cela n'aura pas le même impact qu'en souriant. Pour reprendre l'exemple du téléphone, on peut entendre que vous souriez et donc deviner une image de votre visage. En revanche, si vous envoyez un

SMS « Bonjour » rien ne présage d'autre que bonjour, ce qui nous amène à la question du numérique[2].

Le numérique donne la capacité à l'homme de communiquer partout, tout le temps et avec tout le monde. Ce nouveau mode de communication numérique est une pure création intellectuelle de l'homme et évolue au fur et à mesure que l'homme développe la technologie qui permet de la mettre en œuvre. Ce développement technologique suit bien un processus qui permet à la communication numérique d'avoir, tout comme le langage de l'homme, une évolution. Cette évolution numérique est par ailleurs directement intégrée et intrinsèque à l'évolution de la communication de l'humanité, formant un tout dans un processus qui évolue et change en permanence. Comme le dit Hall (Hall, 1959, p. 122) « La plus grande part de ce que l'on sait de la communication vient du langage ; celle-ci a été si fructueuse qu'on peut en tirer des analogies permettant d'écrire d'autres systèmes de communication ».

---

[2] Ce que j'appelle numérique est la communication via des outils numériques comme Internet ou le SMS. Le terme digital largement utilisé dans la communication ne sera pas retenu ici, car il apporte une confusion avec le concept de communication analogique et digitale. Mais surtout, il provient de l'anglais « Digital marketing » qui, pour le coup, veut dire communication numérique. Enfin, suite à mon échange d'email avec François Pellegrini, chercheur au LaBRI de Bordeaux et commissaire à la CNIL, que je cite « On ne dit pas "digital" ! C'est pour les doigts. En français, on dit "numérique". ».

La création du numérique dans les années 1980 fut un processus complètement inverse à l'évolution du langage, puisqu'elle part du digital pour arriver à l'analogique. Au départ, la technologie ne permettait qu'un seul mode de communication : la communication digitale. Seule l'écriture permettait de communiquer. Face à cette lacune, les informaticiens et les humains utilisent le smiley appelé également émoticône. Une invention intégrée dès 1981 dans les ordinateurs PC IBM, qui démontre le besoin presque naturel, voire instinctif, de pouvoir introduire une forme de communication analogique dans la communication digitale.

Dans l'article de *Terrains & travaux 1/2009 (n° 15)* (Beuscart, Dagiral, & Parasie, 2009) qui précise en introduction « si pour étudier des interactions en ligne il est toujours utile d'invoquer Goffman, il l'est plus encore de lire les nombreux travaux qui depuis quinze ans montrent les constantes de ces interactions. », on découvre beaucoup de recherches sur l'interaction numérique.

Les premières recherches de Valérie Beaudouin et Julia Velkovska en 1999 sur les forums, faisaient état de ce premier constat relevé par Beuscart, Dagiral et Parasie (Ibid.) « elles se demandent de quelle manière les participants aux forums organisent leurs interactions et parviennent à créer un « espace commun d'intercompréhension » en l'absence de toute coprésence physique (Beaudouin et Velkovska, 1999)[3]. ». C'est cette question que nous énoncions précédemment, le processus inverse à celui de l'évolution du langage.

Ce processus de communication inverse au développement du langage et de surcroit intégré dans le processus d'évolution de la communication, qui lui même donne un champ d'évolutions extrêmement vaste. Le processus d'évolution de la communication numérique, lié à l'évolution des technologies, tend à devenir analogique et à retrouver la richesse du langage et de l'échange humain qui est rempli de codes et de messages. Comme le dit Goffman, quand il parle de la proxémique, (Goffman, 1963, pp. 33-42) « Même si un individu peut s'arrêter de parler, il ne peut s'empêcher de communiquer par le langage du corps. » reprenant le concept de Watzlawick et Bateson sur l'impossibilité de communiquer. Ces concepts démontrent bien la rupture que l'on observe entre la communication humaine à travers les échanges et celle à travers les outils numériques. Désormais, on peut ne pas communiquer et de surcroît on peut ne communiquer qu'en parlant avec des mots, chose que le livre, le pigeon voyageur ou encore les lettres permettaient déjà, sauf que je parle bien de communication en temps réel avec une dynamique d'interaction. Cela n'existait donc pas encore.

---

[3] BEAUDOUIN (V.), VELKOVSKA (J.), 1999. « Constitution d'un espace de communication sur Internet (forums, pages personnelles, courrier électronique...) », Réseaux, n°97, pp. 121-177.

Puis, on découvrira que cette communication anonyme n'existe pas selon les recherches menées (Beuscart, Dagiral, & Parasie, 2009), car pour que les échanges puissent perdurer et se développer, chaque intervenant crée un personnage électronique, qui constitue le socle des échanges (profil, pseudonyme, description des actions et des sons) comme le font les auteurs de romans. On crée alors des personnages électroniques plus ou moins élaborés et souvent fantasmés.

Le meilleur terrain d'observation de l'interaction entre les humains via des interfaces numériques reste les sites de rencontre sur Internet. Dans ces espaces, les personnes communiquent et interagissent sans se voir et parfois même sans photo. On est précisément dans cette logique d'interaction digitale dépourvue d'analogique. Ces types d'échanges, si on les analysait, permettraient de mieux comprendre les phénomènes d'interaction numérique. La communication entre les personnes à travers ce manque total d'analogique, amène parfois à des discussions antinomiques et des injonctions paradoxales. On peut aussi observer à travers les photos de profil et les mises en scène des comportements différents et parfois même des photos « en gros plan » du visage, ce qui n'est pas sans rappeler les travaux de Hall sur la proxémique. On simulerait ainsi un rapprochement physique à travers une photo.

Mais l'humain a besoin de rêver et d'idéaliser : c'est pourquoi il invente un personnage numérique ou parfois imagine un personnage numérique en la personne de ses rêves. Cette façon de se baser exclusivement sur une interaction digitale permet d'imaginer, voire d'idéaliser la personne avec qui on discute virtuellement. Cette absence de communication analogique semblerait, et ce n'est qu'une possibilité, faire appel à la mémoire et aux codes analogiques observés dans un objectif d'idéalisation. L'innovation technologique a conduit les chercheurs à se préoccuper de nouvelles pratiques comme les blogs, l'exposition de l'intimité sur Internet (Beuscart, Dagiral, & Parasie, 2009) et semblent avoir abandonné, à ma connaissance, ce domaine du *chateur* qui pourtant persiste à travers des sites de rencontre qui connaissent un succès florissant.

Je ferais une légère digression, qui illustre mon idée de phantasme numérique sur sa propre identité et celle de l'amant – qui renvoie à sa propre image - à travers les sites de rencontres par le texte de Andy Puddicombe (Puddicombe, 2011, p. 106). Ce livre n'a aucune approche scientifique, il résume l'histoire fascinante d'Andy Puddicombe qui est passé de moine bouddhiste à consultant en médiation en Angleterre. Dans ce témoignage, il raconte l'histoire des amants imaginaires qui se rencontrent dans les temples bouddhistes pour faire des retraites. Dans leur imagination, pendant la méditation, ils se sont déjà projetés mariés, se sont disputés et ont divorcé virtuellement.

> « Même quand ils inventaient eux-mêmes leur propre histoire, ils choisissaient d'y mettre de la douleur et de l'angoisse. Et pourtant, ils ne s'étaient jamais parlé. ».

Ce texte résume parfaitement, selon moi, le processus virtuel de phantasme et de projection de soi sur des sites de rencontre. De façon générale, l'humain a cette faculté et ce besoin de rêver.

Précisons maintenant que la communication numérique n'est pas une révolution de la communication en elle même mais bien une évolution des modalités des échanges entre les humains. C'est cette révolution des modalités qui engendre des évolutions dans la communication et l'interaction entre les humains. Cela nous permettra de retrouver des pratiques de communication et plus précisément d'interactions dans les pratiques numériques, sans pour autant que ces mêmes pratiques soient révolutionnaires mais simplement transposées et diffusées plus largement grâce à de nouvelles modalités de communication. Ces modalités sont bien de véritables révolutions, mais mon approche se veut moins réductrice, c'est pourquoi, je tiens ici à différencier les modalités des concepts théoriques de la communication. Il ne s'agit pas ici de poser le dogme du déterminisme technologique, je ne dis pas que la société n'influence pas la technologie ni que la technologie influence la société. Je parle de modalités de communication qui, bien au delà d'une approche technologique, représentent des opportunités d'interaction et de mobilité pour l'Humanité.

La communication est donc transposée dans des modalités numériques qui lui permettront d'évoluer vers la mobilité, la temporalité et l'interactivité. Dans le Suicide (Durkeim, 1897),

Durkheim écrivait presque un siècle avant la création d'Internet « Dans une société cohérente et vivace, il y a de tous à chacun et de chacun à tous, un continuel échange d'idées et de sentiments et comme une mutuelle assistance morale, qui fait que l'individu, au lieu d'être réduit à ses seuls forces, participe à l'énergie collective et vient y confronter la sienne quand elle est à bout. ». Ce principe de l'entraide, on le retrouve facilement sur Internet et dans la vie de tous les jours.

Winkin dans ses sept dimensions de la communication orchestrale[4] (Winkin, Anthropologie de la communication, 1996, p. 87) donne une définition de ce qu'il appelle la communication sociale :

> « Lorsque la communication est conçue comme une activité sociale, un mécanisme d'un ordre supérieur est posé au-dessus de la communication (inter)individuelle. Chaque acte de transmission de message est intégré à une matrice beaucoup plus vaste, comparable dans son extension à la culture. [...] L'individu est vu comme un « acteur social », comme un participant à une entité qui le subsume. ».

---

[4] Winkin donne ici l'image, très intéressante, d'un orchestre pour illustrer les interactions entre les individus. Il nuance cette approche dans La nouvelle communication (Winkin, La nouvelle communication, 1981) alors qu'il semble l'assumer dans cette version, sans doute parce qu'il a dégagé ces sept dimensions.

Winkin décrit ici le phénomène de réseau social ou de communauté que nous retrouvons largement sur Internet. Dans le phénomène des réseaux sociaux, on estime que leur multiplication est un phénomène de capacité à avoir des nouveaux formats de présentation de soi (Beuscart, Dagiral, & Parasie, 2009) « Parce qu'ils reposent sur une diversité de formats de présentation de soi, ces dispositifs de mise en relation impliquent une pluralité de liens entre identité numérique et identité réelle. ». Il y a les formats de visibilité de Dominique Cardon[5] qui donne un aperçu des différents supports en relation avec une façon de se présenter.

De même, si on prend le concept Uber qui a défrayé la chronique récemment avec ses chauffeurs de taxi indépendants, ou la révolution du printemps arabe qui a été plus facile grâce aux nouvelles technologies de communication[6], la prise de « pouvoirs » sociaux ne fait pas partie des révolutions du numérique. Le numérique n'est qu'une modalité qui facilite le mouvement social. Comme le souligne Philippe Bernoux qui cite Rousselet (Bernoux, 2004, pp. 65-66) avec son exemple chez Volvo en 1970 « remplaça la chaine de montage des automobiles par des modules, elle le fit explicitement parce que l'absentéisme avait atteint des

---

[5] CARDON (D.) (dir.), 2008. Dossier « Les réseaux sociaux de l'Internet », Réseaux, n°152.

[6] On parle même de révolution Facebook ou révolution Twitter (Wikipedia, 2015) « certains vont jusqu'à parler d'une révolution Facebook, d'une révolution Twitter voire d'une révolution 2.0 tant l'usage des réseaux sociaux aurait été important ».

niveaux record (environ 25% du personnel ouvrier) […] ». La société humaine n'a pas attendu Internet pour supplanter l'autorité, qu'elle provienne du travail ou qu'il s'agisse de l'autorité institutionnelle et étatique.

Avec la progression technologique des infrastructures comme les connexions Internet passées de 33 600 bits/s à 1 000 000 000 bits/s en moins de trente ans ou encore les nouveaux outils numériques comme les tablettes, les téléphones et maintenant les montres, nous sommes aujourd'hui bien loin de l'époque où internet était un lieu couvert de textes. Internet forme en réalité une masse d'informations en perpétuelle expansion.

La production sur Internet est passée de la production individuelle à la production collective (Beuscart, Dagiral, & Parasie, 2009) :

> « Tandis qu'une partie des recherches en sciences sociales se sont très tôt intéressées à la structuration de la communication en ligne, un autre axe de questionnement s'est développé autour des productions collectives sur Internet, en posant la question de leur organisation et de leur valeur. […] les internautes produisent des biens originaux : des informations pratiques et théoriques sont énoncées et évaluées sur les forums, les sites personnels et les blogs ; des fichiers musicaux et des films sont échangés entre internautes par le biais des réseaux de peer-to-peer ; des bases de données sont produites par des internautes qui mettent

en commun leurs informations dans des domaines aussi hétérogènes que le cinéma (IMDB : « Internet movie Data Base »), la musique (CDDB : « Compact Disc Data Base »), la santé (le site Doctissimo), etc. ».

Cette expansion ne fait que croître et augmenter le volume de l'information. En juin 2015, il y avait 863 105 652 sites (Netcraft, 2015) Internet référencés dans le monde et ce chiffre ne fait que se multiplier depuis 1995, comme on peut le constater sur la figure numéro 1 (courbe bleue).

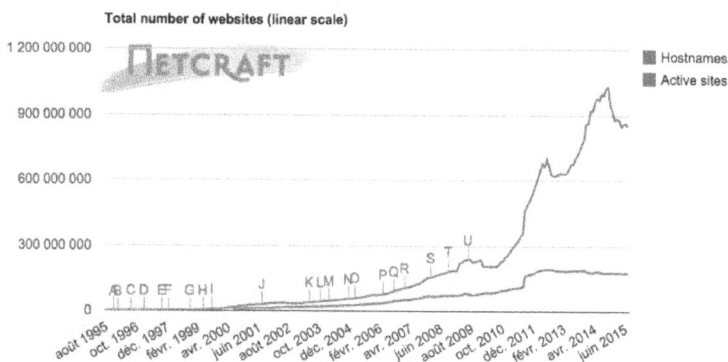

Figure 1 - Netcraft nombre de sites Internet de 1995 à 2015

Sur cette même courbe, on peut constater que les sites actifs (courbe rouge) ne croient pas à la même vitesse. Nous avons donc bien une surproduction de contenus pour une consommation qui ne progresse pas de la même façon. Les contenus et supports de communications numérique se multiplient mais le temps dont on dispose pour les consulter n'augmente pas, même si nous avons des terminaux mobiles et des nouveaux outils numériques plus faciles à utiliser en déplacement.

On pourra également constater le décalage croissant entre les deux courbes dont les faits sont clairs : 178 552 778 sites seulement sur 863 105 652 sont réputés actifs soit 20,68%. Cela fait presque 1 site sur 5 qui est actif. Ce phénomène de surinformation et d'augmentation des contenus numériques conduisent à ne plus réussir à communiquer efficacement et noie l'information dans le contenu dense d'Internet : on parle d'infobésité[7].

Winkin parle de ce phénomène dans *Anthropologie de la communication* (Winkin, Anthropologie de la communication, 1996, pp. 102-103) :

> « Mais pour que la communication ait encore un sens aux yeux d'un participant, il faut qu'il y ait des « blancs », des différences, des contrastes. Comme le dit Hymes : « S'il n'y avait pas d'intervalles ou d'éléments du comportement qui ne soit communicatifs, il y aurait plus d'information dans le concept de comportement communicatif » ».

---

[7] Le lecteur pourra se référer à la présentation Slideshare de Brad Frost qui illustre parfaitement le phénomène (Frost, 2013)

Il était beaucoup plus facile d'être visible sur un sujet quand il y avait moins de contenu. Un français navigue en moyenne 5 heures sur Internet par jour (modérateur, 2015) et il lui est impossible de retenir l'ensemble des informations qu'il consulte.

Si nous revenons à la différence entre modalité et théorie de communication, certaines innovations de rupture sont pour le coup de véritables révolutions des concepts de communication au niveau théorique. Prenons l'exemple de Airbnb : La maison qui était propriété et cocon familiale se transforme en moyen de monétisation, qui va prendre le pas sur un héritage séculaire qui faisait de la maison un endroit de protection contre les prédateurs, mais aussi un lieu symbolique de réunions et d'union. A titre personnel cet été, j'ai plusieurs amis qui ont quitté leur logement et sont allés dormir chez des amis ou dans la famille pour gagner un peu d'argent avec leur logement, devenant ce que j'appelle « des sans domicile fixe de l'ère du numérique ». On voit l'habitation passer de cocon à centre de profit dans un comportement qui aurait paru insensé, il y a à peine 10 ans.

Plusieurs phénomènes dont la facilité de communiquer et la mobilité - sous l'action d'un facilitateur étatique qu'est le statut autoentrepreneur[8] - feront croître le nombre de travailleurs

---

[8] Dans le magazine Management de mai 2015, un article fait état des chiffres suivant : +25% de travailleurs indépendants en 5 ans, 40% des moins de 19 ans souhaitent travailler comme indépendants. Source : Insee, Prism'emploi, Ifop, Ministère du travail et de l'emploi.

indépendants, qui engendrera l'apparition des tiers lieux, ces lieux de travail à cheval entre la maison et le bureau, où on peut travailler de façon individuelle avec d'autres personnes. Ce phénomène de désalarialisation (Le Goff, 2013) créera une dynamique d'innovation de rupture qui créera, comme Airbnb, des modifications dans les interactions et dans la perception de la réalité.

Les startups se font et se défont autour d'un objectif presque obsessionnel de créer des technologies ou des concepts de rupture. Rompre avec les usages et les habitudes des personnes pour entrer dans leur quotidien serait donc l'objectif indispensable pour modifier les interactions. La société se transforme progressivement en société précrastinatrice et hédoniste où les humains préfèrent consommer plutôt que posséder. Comme le démontre les expériences des chercheurs en psychologie (Carter & Gilovich, 2012), l'humain prend plus de plaisir à vivre des expériences comme les concerts plutôt que posséder des biens. Il ne s'identifie pas sur ses possessions matérielles mais sur ses expériences. L'usage prime maintenant sur la propriété.

L'UX Design, littéralement *conception de l'expérience utilisateur* s'inscrit parfaitement dans cette logique. L'idée de l'UX Design est plutôt simple et séduisante : « concentrons nous sur l'expérience utilisateur et offrons lui une expérience d'utilisation numérique»[9]. L'approche UX Design se différencie par :

- Une réflexion non plus en terme d'information mais plutôt en actions utilisateur à l'intérieur d'une interface.
- Une mise en avant du savoir scientifique pour construire le projet. On s'appuiera par exemple sur des études scientifiques en psychologie sociale pour engager les utilisateurs.
- Une introduction de la psychologie directement dans la réflexion initiale pour créer de l'interaction et convaincre l'utilisateur d'utiliser un service ou d'acheter un produit.
- Une implication des futurs (ou actuels) utilisateurs directement dans le processus de conception à travers des tests ou des questionnaires, ce qui permettra de créer une véritable communauté dès le départ du projet.

Cet ouvrage propose la problématique suivante, l'UX Design est-il un procédé révolutionnaire socioconstructiviste ou une approche expérientielle qui transforme l'approche shanonnienne du numérique en processus interactionnel ? L'UX Design révolutionne les approches traditionnelles en inversant les processus parfois trop centrés sur le marketing ou sur l'aspect esthétique. La dynamique de co-construction sociale avec les utilisateurs permet la prise en compte des usages à travers des procédés de conception participatifs. L'UX Design met en exergue la porosité qu'il existe entre

---

[9] UX est un acronyme qui signifie « User eXperience » en anglais.

communication et psychologie, à travers l'expérience numérique ainsi que l'euphémisation de cette porosité dans une dimension éthique primordiale.

Afin de répondre à cette problématique, j'ai réalisé une étude qualitative de 4 entretiens de professionnels en UX Design[10] sélectionnés au hasard et aux profils différents[11] :

- Jean Yassol, UX Designer, psychologue de formation qui a réalisé notamment le site d'un opérateur téléphonique, d'une TV connectée et qui est enseignant en charge d'un master UX Design.
- Céline Bichope – Consultante et formatrice en ergonomie et Design.
- Stéphanie Langer – Ergonome IHM.
- Jacques Domoll – Consultant en stratégie UX indépendant qui a travaillé pendant 6 ans dans une agence à Paris qui est une agence spécialisée dans l'UX Design.

---

[10] Il aura été très difficile de trouver des entretiens authentiques de professionnels qui acceptent de témoigner sur leurs pratiques, inspirés par la réputation (à tort ou à raison) de Goffman, j'ai dû user de ruses pour réussir à avoir ces entretiens. Le lecteur intéressé par les ruses et les rumeurs pourra consulter La nouvelle communication (Winkin, La nouvelle communication, 1981, p. 97) où Winkin rapporte une rumeur racontée de génération en génération à l'université de Pensylvannie où Goffman subtilise le déjeuner d'une personne à la cantine devant lui pour ses recherches.

[11] Les noms des professionnels ont été changés pour préserver leur anonymat.

Le choix de ce type de corpus nous permettra de comparer les pratiques professionnelles ainsi que le regard du professionnel sur ses propres pratiques. Nous pourrons également comparer les discours de ces professionnels et les confronter aux théories et concepts qui composent l'UX Design.

J'ai également réalisé deux études quantitatives auprès de 34 professionnels de la communication afin de définir si l'UX Design était une pratique courante ou non au sein des professionnels de la communication en général.

Dans une première partie, nous verrons ce qui révolutionne le processus de conception des projets numérique à travers l'UX Design comparativement aux approches plus traditionnelles. Dans une seconde partie, nous traiterons de la place de l'utilisateur dans une pratique dite « centrée sur l'utilisateur » en traitant de la technique utilisée aux dérives possibles de telles pratiques. Enfin dans une dernière partie, nous traiterons de la question de la psychologue et de la communication avec toutes les questions éthiques sous-jacentes que cela peut soulever.

Partie 1 - Une révolution du processus de production numérique

Nous l'avons vu en introduction générale, la communication numérique est un processus inverse au développement de la parole chez l'humain dans l'interaction. Cette inversion créera un manque, qui sera forcément compensé par une volonté commune et humanitaire de rendre les projets numériques moins digitaux, du point de vue de l'interaction.

Cet objectif caché, s'il en est, aura influencé et dirigé les réflexions des communicants, que cela émane d'eux même par le regard critique de leur métier, que cela provienne de la demande de leurs clients ou que cela vienne des enquêtes sur le terrain qu'ils réalisent. De façon empirique, on peut constater que la majorité des communicants accordent une place esthétique importante à leurs projets. Comme le dit dans l'entretien Jacques Domoll (Domoll, 2015) « à mon sens, une agence doit être capable quand même d'inclure un poste de direction artistique, car ça fait partie des émotions quand même. ». Cette préoccupation pourrait être, même si je ne peux pas le prouver ici, cet objectif caché de rendre la communication plus analogique dans le numérique. En tous cas, le communicant doit tenir compte de ce manque dans ses productions.

Ce qui m'a le plus interpellé, quand j'ai étudié l'UX Design et sa pratique à travers divers professionnels, c'est que l'aspect esthétique était relégué et parfois même totalement absent des processus de production. On donne en revanche une véritable dimension ergonomique au projet. L'usage prime sur la beauté des créations. Cette façon de penser va totalement à l'encontre des procédés classiques qui mettent l'accent sur l'aspect esthétique. Pour se rendre compte de cette importance de l'aspect esthétique, il suffit de lire le rapport sur l'économie du design (Agence Pour la Promotion de la Création Industrielle (APCI), Cité du design et Institut Français de la Mode (IFM), pour le compte de la Direction Générale de la Compétitivité de l'Industrie et des Services (DGCIS), ministère de l'Economie de l'Industrie e, 2012)[12] : on compte « 7 500 graphistes dont le graphisme constitue l'activité principale » pour la maison des artistes et tout confondu un chiffre d'affaires de 3 à 7 milliards d'euros par an. Nous verrons dans la première partie ce phénomène d'inversion du processus puisque, comme nous l'avons vu, l'UX Design ne repose pas sur le principe de Design, mais d'ergonomie.

L'UX Design semble introduire également une nouvelle façon d'appréhender les problématiques de communication de façon beaucoup plus structurées, scientifiques et normatives. Nous verrons que l'approche scientifique des projets de communication n'est pas dans la culture française et ne parait pas toujours naturelle, tout comme la norme. Enfin, le fait de penser les projets de communication en terme d'action des utilisateurs, au lieu de réfléchir à l'information qu'il doit contenir,

---

[12] On pourra également constater page 18 la désalarialisation de ce métier qui compte 11% d'indépendants de plus entre 2002 et 2009 et surtout la chute impressionnante de 14% de structures de plus de 5 personnes.

constitue, nous le verrons, une véritable rupture des pratiques professionnelles.

Même sans entrer dans les détails, nous voyons bien que l'approche UX Design révolutionne le métier de graphiste et celui de communicant. Nous verrons s'il représente une menace ou une opportunité pour une entreprise qui souhaite appliquer ces méthodes. Enfin, nous verrons quelles formes prennent les projets et les processus de production numérique via cette nouvelle méthode.

1 - Une métamorphose du processus de production

« Innover, ce n'est pas avoir une nouvelle idée mais arrêter d'avoir une vieille idée. » Edwin Herbet Land

Dans *La réalité de la réalité* (Watzlawick, La réalité de la réalité, 1976, p. 137) Watzlawick explique un principe fondamental de la perception qu'a l'humain de la réalité : la réalité de premier ordre qui est physique et la réalité de second ordre qui est le sens qu'on donne aux choses. Il dit à ce sujet « Un petit enfant pourra percevoir un feu rouge tout aussi nettement qu'un adulte sans pour autant savoir qu'il veut dire « ne traversez pas. ». ». Cette réflexion est intéressante car elle met en évidence qu'un objet, ici le feu rouge, est également interprété par la personne qui le regarde. L'interprétation complétement opposée entre « traverser » ou « ne pas traverser », avec un objet aussi simple, laisse présumer d'interprétations encore plus complexes avec objets numériques comme les sites Internet.

Le design d'un site Internet peut alors, si on transpose ce concept, convaincre certaines personnes ou au contraire ne pas les convaincre. Tout choix et prise de partie dans une interface graphique pour un projet numérique, pourrait donc produire tout ou son contraire et peut être induire un effet bénéfique autant qu'un effet néfaste. Je ne dis pas que le design introduit forcement un biais mais que dans certains cas le directeur artistique peut introduire un biais de ce type sans s'en apercevoir. Pour illustrer cet exemple[13], il suffit de prendre le logo de Carrefour ©. Il y a ceux qui perçoivent deux flèches : une rouge et une bleue dans deux sens opposés et ceux qui voient le « C » de Carrefour © dans un losange.

---

[13] Nous développerons cette approche sous un angle différent dans la troisième partie avec la Gestalt en psychologie.

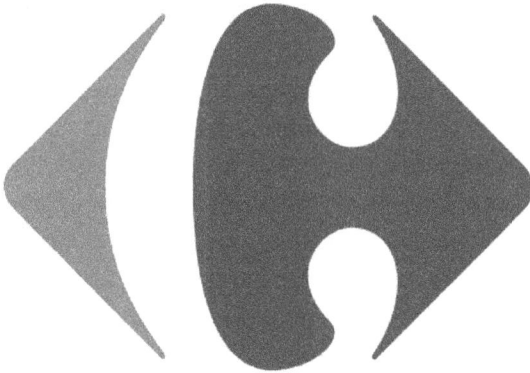

Figure 2 - Logo de Carrefour (c)

Le design n'est donc pas une chose exacte qui dépend en partie de l'interprétation qu'en fait celui qui le regarde.

L'UX Design, nous le verrons, se veut factuel et précis. L'approche ne donne donc pas priorité à l'utilisation du graphisme dans les interfaces. On utilise ce qu'on appelle un wireframe qui remplace la maquette du graphiste et qui fait plus office de prototype évolutif qui est soumis en permanence à des tests utilisateurs. Voyons maintenant comment nous sommes passés de l'approche centrée sur le graphisme et l'esthétique à l'approche ergonomique.

1.1 - De l'UI Design à l'UX Design

L'UI Design, signifie User Interface. Il s'agit de l'interface utilisateur dans sa dimension interface ergonomique et webdesign. La différence qui est proposée au niveau de l'UI et de l'UX Design est que l'UI propose de se concentrer sur l'interface alors que l'UX propose de se concentrer sur l'utilisateur final. On peut citer (Agence Lunaweb, 2012) qui dit que l'UI serait : « En effet, l'interface utilisateur, c'est ce qui fait le lien entre l'humain et la machine. C'est donc « le produit fini » présenté à l'internaute [...] » en opposition à l'UX qui serait plutôt « L'UX est un process complet qui prend en compte l'UI mais aussi le contenu, le design, l'architecture du site... Il s'agit de faciliter la vie de l'internaute ».

L'interface utilisateur se situe au niveau de ce qu'on appelle aussi l'IHM (Interface Homme Machine) à un niveau théorique bien en amont, avec de nombreux concepts théoriques qui soulèvent des questions épistémologiques comme le souligne Valérie Carayol (Carayol, Communication organisationnelle : une perspective allagmatique, 2004) « L'intentionnalité doit elle être considérée comme ce qui caractérise la conscience comme le fait la phénoménologie ? » prenant comme exemple l'approche searlienne qui pense que lors d'actions spontanées, il existe toujours une intension d'agir de manière opposée à l'approche heideggerienne pour laquelle il n'y a pas besoin de se représenter le but car l'action est guidée par la situation. Cette question reste fondamentale dans la réalisation d'une interface homme machine car le postulat, d'un côté comme de l'autre, ne donne pas la même approche de l'interface. Si nous reprenons les définitions de l'UI et de l'UX, nous pourrions dire que la problématique ainsi que le postulat searlien et heidiggerien seraient le sujet principal en UI mais pas dans l'UX, puisque l'UX contient l'UI sans réciprocité. Mais visiblement l'UX Design est une méthode en amont de l'interface homme machine et conçoit l'interface comme un parcours d'obstacles, ce que nous verrons dans la partie qui traite de l'information à l'action.

Comme le souligne Céline Bichope dans son entretien (Bichope, 2015) :

> « [...] simplement c'est qu'aujourd'hui, je suis UX et UI designer, cela veut dire qu'en tant UI, je construis également l'interface derrière. Je n'apporte pas seulement l'aspect extérieur, je conçois également l'interface avec le parcours et également aussi en hiérarchisant les contenus de tel ou telle manière. Donc derrière, je produis des wireframe, des maquettes et des prototypes. ».

Céline semble illustrer à merveille cette notion que l'UX contient l'UI mais pas l'inverse. Elle fait partie, selon moi, de la génération de Webdesigner qui ont pressenti une modification des pratiques professionnelles dans la communication et se sont recentrés sur des activités innovantes. Comme elle le dit dans l'entretien : « je viens du Webdesign ».

Il y a donc bien un phénomène qui transforme le métier de webdesigner en UX Designer dans les pratiques professionnelles, sans que ces deux pratiques soient jugées identiques mais plutôt en opposition. Céline marque bien cette différence tout en le transformant en atout, précisant ainsi qu'elle peut en plus de l'UX Design faire l'UI Design qui est dans la continuité. Elle le précise quand elle dit « Je n'apporte pas seulement l'aspect extérieur » en faisant référence à l'UX Design.

Comme nous l'avons vu, l'UI est donc une étape secondaire qui consiste à réaliser les wireframe, les maquettes et les prototypes. Cette étape est donc en fin de processus après l'UX Design, comme nous le dit Céline, et donc n'accorde plus une place centrale au travail graphique dans les projets de production numérique.

Dans son entretien, Jacques Domoll (Domoll, 2015) évoque le problème suivant :

> « [...] la plupart des designers qui font de l'UI (User Interface) : ils mettent du latin dans les maquettes « du lorem ipsum » mais c'est une catastrophe car « lorem ipsum » ça ne veut rien dire et ça veut dire : « là, il me faut du texte, mais on ne sait pas quoi ». Et quand on va faire un test utilisateur pour savoir si c'est la bonne approche, il faudra mettre du vrai contenu, pour montrer qu'il y a des choses réfléchies dans le champ sémantique de l'utilisateur [...] ».

Ce regard très critique sur le travail de graphiste met en évidence une chose : le Webdesigner est censé créer une maquette graphique mais pas le contenu des textes. Il est donc contraint à mettre du texte de substitution et il utilise le latin, le fameux « lorem ipsum », pour indiquer les zones de texte sur sa maquette. Jacques pointe du doigt le concept antinomique de mettre du texte à un endroit à des fins esthétiques et non plus à des fins informatives.

L'UX Design se veut par définition centré sur l'utilisateur et a pour objectif de le mettre au centre de la réflexion. Comme le dit Céline (Bichope, 2015) : « […] en tant que UX designer : « je ne travaile pas pour mon client, mais pour les clients de mon client » […] ». L'approche se doit donc d'avoir du sens pour l'utilisateur et dans cette approche on imagine plutôt bien qu'un texte ne peut se trouver à un endroit pour des raisons esthétiques sur une interface numérique. La sémantique est une réelle préoccupation dans l'UX Design, comme nous le verrons dans la suite, la méthodologie prévoit la création d'une nomenclature précise issue des termes qu'ont donné les utilisateurs eux même.

Stéphanie Langer (Langer, 2015) qui est ergonome IHM a une approche un peu différente puisqu'elle pense que la clé de l'UX Design est la pluridisciplinarité :

> « S'il n'y a qu'une ergonomie IHM, ce sera très utilisable, mais pas très beau, *si vous ne mettez qu'un graphiste, ce sera très beau, mais pas compréhensible, si vous ne*

mettez qu'un marketeur, on pourra acheter, mais on ne saura pas trop quoi, ni ce qu'on a fait, donc voilà … je pense qu'il faut tous ces gens ensemble […] » c'est moi qui le souligne.

Stéphanie met en évidence le fait qu'un graphiste n'a pas une approche ergonomique, tout comme un ergonome n'a pas une approche très graphique[14]. On constate que la partie graphique n'est pas jugée suffisante pour offrir une navigation satisfaisante dans l'interface.

Jean Yassol dans son entretien (Yassol, 2015) a une approche plus globale du design mais une vision tout aussi négative :

« […] dans les sociétés plutôt com, genre agence, qui font du Web du « digital » du « machin » et tout, ils sont très dans le « whaoooo » donc là, ça doit … en fait … comment dire … le problème c'est que leurs clients se ne sont jamais les utilisateurs finaux et leurs clients sont les gens à qui ils vendent le site. ».

Il dénonce dans son explication un côté « Whaoooo » qu'il a constaté par son expérience professionnelle. Pour lui, le côté esthétique est là pour faire plaisir au client mais n'apporte rien à ses utilisateurs finaux. Il identifie le graphisme à un côté plaisir pour le commanditaire d'un projet numérique qui serait inutile en fin de compte pour le client final, l'utilisateur.

---

[14] Nous reviendrons sur les rôles de chacun par la suite.

L'UX Design intervient donc en amont des projets numériques, avant même de construire l'interface. Cette position anile l'autonomie du webdesigner graphiste qui n'est plus autonome dans sa pratique puisqu'un processus beaucoup plus pragmatique vient lui modifier son approche créative. L'introduction de l'UX Design dans un projet va considérablement à l'encontre de l'approche créative puisqu'elle est normative et basée sur la pratique.

1.2 - L'aspect esthétique minimaliste et minimisé

Tout comme l'approche searlien et heidiggerien créent deux approches théoriques pour les interfaces homme machine, l'importance ou non de design peut en créer une également. Il y a ceux qui pensent que c'est indispensable et ceux qui n'y voient pas d'intérêt. J'ai travaillé plusieurs années dans une entreprise, que je ne citerai pas, qui avait deux patrons co-fondateurs qui s'opposaient systématiquement sur le sujet. L'un voulait faire du design et mettait l'accent sur des choses esthétiques, alors que l'autre ne voulait absolument pas en entendre parler car il privilégiait la vision ergonomique des choses. Chacun avait sa vision des choses mais ne savaient pas toujours dire pourquoi ils pensaient de cette façon.

L'UX Design, par son approche centrée sur l'utilisateur, limitera la créativité du webdesigner et parfois même il n'y aura tout simplement pas de webdesigner. En effet, par souci d'économie et par effet de mode, on constate souvent l'absence d'intervention des webdesigners dans certains projets numériques.

Avec les effets de mode dans le design des interfaces et la mise en application dans les grands groupes de l'UX Design, la mode est à ce qu'on appelle le « flat design » ou plus simplement le design minimaliste ou dit plat. Le design plat (Wikipedia, 2015) est « un style de design d'interface graphique caractérisé par son minimalisme. Il se base sur l'emploi de formes simples, d'aplats de couleurs vives et de jeux de typographie. ». Les crises, la pression médiatique sur les dépenses publiques ont amené à un courant minimaliste dans la façon de mettre en évidence les choses esthétiques. Le lecteur féru de mode pourra le constater ou encore étudier les publicités à la télévision ou les campagnes.

Apple par exemple utilise jusqu'à 2012 pour son design le skeuomorphisme (Wikipedia, 2015) qui désigne :« définissant un élément de design dont la forme n'est pas directement liée à la fonction ». Le skeuomorphisme est très loin de l'UX Design puisque la stratégie consiste à faire l'inverse. En 2013, Apple revient au design minimaliste. Cette façon de minimiser le design est symptomatique d'un recul par rapport à la place centrale qu'occupait l'esthétique dans les interfaces.

Pour les petites entreprises, la mode est à ce que l'on appelle les « Bootstraps ». Partant du principe que la mode va vers le minimalisme, les géants de l'Internet se sont eux aussi orientés dans ce sens. Twitter a fait comme les autres avec la différence que, quand Twitter a fait son design minimaliste, il a donné à la communauté Internet son code et la possibilité de le reprendre et de le modifier à l'infini. Comme le dit Wikipedia (Wikipedia, 2015) « Twitter Bootstrap est une collection d'outils utiles à la création de sites et d'applications web. C'est un ensemble qui contient des codes HTML et CSS, des formulaires, boutons, outils de navigation et autres éléments interactifs, ainsi que des extensions JavaScript en option. C'est l'un des projets les plus populaires sur la plate-forme de gestion de développement. ».

Grace au Bootstrap, je n'ai plus besoin de passer par un webdesigner et je peux en tant que développeur intégrateur informatique utiliser un design que je personnalise mais qui est standardisé. J'obtiendrai un design de type minimaliste comme sur les sites Internet actuels et en plus mon site Internet sera compatible avec les téléphones et les tablettes. Pour avoir travaillé pendant presque 10 ans avec des informaticiens, j'ai constaté ce recul de la fonction centrale esthétique et j'ai pu voir arriver la généralisation du Boostraps, y compris dans les grandes entreprises multinationales.

Ce minimalisme esthétique et ces solutions de contournement du webdesign permettent de donner du poids aux discours qui prônent la priorité aux utilisateur et à l'ergonomie dans les interfaces numériques. L'UX Design ne prône pas le zéro design, bien au contraire, mais prend la place centrale par son approche et le pas sur le travail du webdesigner avec un regard critique sur les pratiques professionnelles d'esthétisme d'interfaces. La priorité est d'abord l'utilisateur et donc l'ergonomie.

On passe de l'émotion générée par le côté esthétique à l'émotion supposée de l'utilisateur quand il utilise l'interface comme le dit Céline Bichope (Bichope, 2015) quand elle parle d'une application mobile pour le tramway de Bordeaux :

> « Et voilà, on peut imaginer à ce moment là une femme qui a 2 enfants et qui essaye de faire ça : alors, d'un main, hein tu t'imagines, elle ramasse les chaussures de ses gamins de l'autre côté, tout en ayant le petit dernier qui ne veut pas enfiler son manteau, tout en ayant oublié les goûters ... tu vois ?! bah moi typiquement mon métier, c'est de prendre en compte ce type d'émotion [...] ». [15]

On l'imagine bien dans le cas de la personne que décrit Céline que l'interface n'a aucun impact direct. On sent l'instantanéité et la recherche de choses pratiques. Finalement, l'utilisateur n'est pas assis devant son écran et détendu, contrairement au moment où il regarde la télévision. Il y a donc une attente différente, comme le montre Céline, qui est plus une attente pratique et donc ergonomique.

On pourrait prendre ici un raccourci et se dire que l'exemple cité est le cas d'une application mobile et que donc la mobilité est une problématique différente. En effet, c'est bien une

---

[15] « Ça » signifie utiliser l'application mobile du tramway de Bordeaux pour trouver son itinéraire.

application mobile, mais ne perdons pas à l'esprit que 45% des sites Internet (AFJC mediametrie, 2015) sont consultés avec des mobiles ou des tablettes. Ceci implique que presque une fois sur deux, le visiteur d'un site est sur un outil mobile et qu'il l'utilise dans son quotidien (ou parfois devant la télévision).

Cette modalité de mobilité est importante, car elle justifie également le recul du projet numérique centré sur le design sur un projet plutôt centré sur l'utilisateur final et sa situation au moment où il l'utilise. La perception de l'intérêt du design est donc relative aux usages et quand on est en train de faire autre chose en même temps mieux vaut avoir un outil ergonomique plutôt qu'esthétique.

1.3 - L'ergonomie : une approche indispensable

Cette prise de conscience du dictat de l'esthétisme dans les projets numériques modifie le processus de création. La valeur d'un projet résiderait plus dans l'utilisation que dans sa représentation. Cette prise de conscience est antérieure à l'UX Design : il s'agit de l'ergonomie.

Si on prend la définition de l'ergonomie (Wikipedia, 2015) « L'ergonomie est « l'étude scientifique de la relation entre l'homme et ses moyens, méthodes et milieux de travail » et l'application de ces connaissances à la conception de systèmes « qui puissent être utilisés avec le maximum de confort, de sécurité et d'efficacité par le plus grand nombre. »

Jean Yassol précise une chose importante (Yassol, 2015) « [...] une grosse boîte comme Orange ... faut savoir que depuis les années 80, ils se sont entourés de beaucoup de personnes qui font de l'ergonomie, donc ce n'est pas nouveau pour eux [...] ». L'ergonomie est utilisée depuis très longtemps bien avant la création même du numérique.

Selon le sociologue Philippe Bernoux dans *Sociologie du changement* (Bernoux, 2004, pp. 245-246) le métier d'ergonome a eu un rôle central dans le taylorisme :

> « Pour que le taylorisme trouve son efficacité, il a fallu que les ouvriers luttent dans les ateliers pour faire reconnaître leur savoir- faire et contre l'analyse des mouvements, analyse qualifiée de « pièce maitresse » du taylorisme par Friedmann (1946, p.44)[16]. Il y a eu « une immense dépense « d'intelligence rusée » [...] pour réparer les dysfonctionnements des systèmes programmés » (Veltz, 2008, P.17)[17]. *Il a fallu aussi que les ergonomes imposent une « adaptation des machines à l'homme » (p.90 sq.), montrant que l'étude dite « scientifique » des mouvements n'avait de scientifique que le nom, etc.* » c'est moi qui le souligne.

---

[16] Friedmann, G. (1946/1968), Problèmes humains du machinisme industriel, Paris, Gallimard.
[17] Veltz, P. (2008 [1ere édition, 2000]), Le nouveau Monde industriel, Paris, Gallimard, coll. « Le Débat ».

L'ergonomie a donc joué un rôle central d'adaptation des machines à l'homme comme on peut le constater dans la citation ci-dessus. Cette prise de conscience du besoin d'adapter la machine et non l'homme, est une évolution du taylorisme et l'essor du métier d'ergonome.

Cette prise de conscience, on la retrouve exactement dans ce que Stéphanie Langer (Langer, 2015), ergonome formée dans une école à Bordeaux, nous explique au sujet de la création de son école :

> « En tout cas, l'histoire de la création de mon école, c'est Thales à Bordeaux qui fréquentait le directeur de l'école qui a dit : « nous, on sélectionne nos pilotes, on a les meilleurs des meilleurs cerveaux pour nos meilleurs pilotes, pourtant il y a encore des erreurs dans le pilotage, *on a sélectionné au mieux l'humain, maintenant on va remettre en cause les machines et les adapter* ». Ils ont mis du temps à s'en rendre compte, mais ils s'en sont rendus compte. Du coup, ils se sont dit qu'il fallait des spécialistes qui savent comment fonctionne le cerveau humain pour adapter les machines au cerveau. Quand je dis machine, ce sont les interfaces dans les cockpits d'avions et toutes ces choses là.».

Cette prise de conscience du besoin d'adaptation des machines à l'homme à l'époque industrielle était assez basique et plutôt fonctionnelle, il s'agissait de chaises, de machines, … L'arrivée du numérique entraîne la problématique d'ergonomie dans une dimension différente, faisant évoluer le métier d'ergonome et le transportant à la lisière de plusieurs métiers. Dans ces conditions, le métier d'ergonome devient celui de « cogniticien » qui dans son objectif d'adaptation d'un outil numérique, va devoir comprendre le fonctionnement du cerveau humain comme l'explique Stéphanie :

> « j'ai été formée à Bordeaux dans une école qui s'appelle l'ENSC, qui est spécialisée dans la cognitique. La cognitive est une science / discipline qui s'applique à placer l'utilisateur au centre des processus de conception sur les systèmes complexes ; c'est à dire que par exemple, les cogniticiens sont *des personnes qui vont modéliser le fonctionnement du cerveau humain dans une tâche dédiée, pour adapter les outils qui servent à réaliser la tâche.* C'est comme l'ergonomie des tables et des chaises mais pour le cerveau. Comme on concevrait une chaise confortable, on va par exemple modéliser le processus d'achat d'un billet de train pour que l'utilisateur puisse facilement acheter ce billet de train et que l'outil d'achat réponde au fonctionnement du cerveau spontané et qu'on ait le moins possible d'effort à faire. »

On constate que le métier d'ergonome se positionne plus au niveau du cerveau et semble appartenir au domaine des neurosciences désormais. Ce postulat et la prolifération des approches « neuro » (neuro-économie, neuro-esthétique, …), Denis Forest l'analyse dans son livre *neuroscepticisme*

(Forest, 2014, p. 125) qui est une approche épistémologique des neurosciences. Il dit ceci :

> « [...] je me suis demandé si les neurosciences cognitives disposaient d'éléments suffisants pour prouver (notamment par la neuro-imagerie) qu'elles ont une connaissance précise des corrélats neuraux de l'activité mentale et de ses rôles exacts de ces corrélats, et j'ai conclu que les conditions sous lesquelles les images sont effectivement éclairantes, sont des conditions qui ne sont pas toujours remplies. »

Certains scientifiques pensent donc que la neuro-imagerie n'est pas forcement une science exacte mais ils se posent également la question du lien entre le cerveau et l'esprit. C'est la question philosophique du dualisme.

Cette question du cerveau est intéressante, car elle a toujours fasciné les scientifiques. Paul Watzlawick dans *Le langage du changement* (Watzlawick, Le langage du changement, 1980, p. 102) décrit le rôle central que joue le cerveau et notamment le lien entre le cerveau gauche du rationnel et de l'analyse avec le cerveau droit qui est celui de la saisie globale des choses. Il explique qu'on peut bloquer le rapport entre la partie gauche et droite, réalisant une commissurotomie fonctionnelle :

> « Dans une variante, quand le patient tend à présenter une résistance verbale ou intellectuelle, Erickson lui pose une question, et puis, dès que le sujet s'apprête à

répondre, il le bombarde de nouvelles questions. Le patient se voit alors contraint à passer sans cesse d'un sujet à l'autre sans jamais avoir la possibilité d'achever le cours de ses pensées par l'exutoire d'une réponse verbale. Le résultat est un blocage intellectuel. ».

Le cerveau a donc bien un rôle sur nos perceptions. Les interactions peuvent provoquer des modifications physiologiques qui transformeront notre perception. Je pense, même s'il y a la question de la dualité philosophique et même si l'imagerie neurologique peut être discutable, que l'ergonome du numérique a forcément une évolution logique dans le domaine de cerveau humain. Quand on adaptait un manche à une main, on se devait d'adapter une interface à un système cérébral qui part de l'œil et va jusqu'au cerveau. Toutefois, vouloir tout transformer en terme de neuro-imagerie est le chemin du non-sens et du dogmatisme, comme le souligne *neuroscepticisme* (Forest, 2014).

Le métier d'ergonome dans les projets numériques tient compte du cerveau et va donc adapter l'interface au cerveau humain, comme il l'a fait pour les objets. Sa place dans l'UX Design est centrale et a remplacé la place qu'occupait la fonction esthétique sur les projets. Stéphanie Langer (Langer, 2015) définit précisément la place que prend l'ergonomie avec sa définition de l'UX Design :

> « La définition de l'UX design est assez vague, on a une définition commune et on s'accorde tous à dire que c'est

le carrefour de l'ergonomie d'interface de la conception centrée utilisateur et avec tout cela, on ajoute des sciences humaines pour avoir quelque chose de quantifiable et mesurable. »

L'UX Design semble donc au carrefour de plusieurs métiers en pleine métamorphose. L'évolution des métiers du graphisme et de l'ergonomie crée de nouvelles dynamiques qu'il convient d'intégrer dans les processus de création numérique. Nous avons également vu que les effets de mode venaient accentuer ces dynamiques protéiformes.

Les nouvelles modalités de communication, comme le numérique, poussent donc les professionnels à changer leurs pratiques par nécessité d'adaptation. Les pratiques professionnelles évoluent par effet de mode, mais pas seulement … Le principe d'une évolution de rupture est, qu'elle change complètement la façon dont on voit les choses ; avec cette particularité de laisser un caractère indispensable et irremplaçable. La transformation du processus de création des projets numériques dans l'UX Design donne cette impression à travers un certain nombre d'indices qui pourraient laisser présager une rupture. En effet, la question centrale de l'évolution de la priorité de l'esthétique dans les projets, la prise en compte des usagers mobiles et l'adaptation des interfaces au cerveau humain semblent des évolutions plus qu'intéressantes.

2 - De nouvelles approches de conception

« Le paradoxe de l'innovation, c'est qu'elle est acceptée comme telle qu'une fois devenue une imitation » Piero Scaruffi, scientifique et auteur.

Sur l'aspect esthétique et ergonomique, nous avons vu les changements et évolutions des pratiques professionnelles. Comme le dit Piero Scaruffi, bien souvent une innovation n'en est une que quand elle est imitée, c'est alors le signe de son acceptation. Comme le dit Céline Bichope (Bichope, 2015) au sujet de l'UX Design « C'est tout d'abord un métier innovant », pour Jacques Domoll (Domoll, 2015) l'UX Design est « le pivot de l'innovation digital », selon Stéphanie Langer (Langer, 2015) « c'est la transdisciplinarité ». Jean Yassol (Yassol, 2015) lui n'y voit pas d'innovation à l'extrême quand il dit au sujet de l'UX Design « c'est pas si nouveau que ça non plus. ».

La notion d'innovation dépend toujours de ce qu'entend la personne par innovation. Peut être, j'aime à le penser, la définition de Piero Scaruffi de l'innovation est la plus simple. Quoi qu'il en soit les entretiens nous montrent que l'UX Design peut être perçue comme innovante, au cœur des innovations avec une approche transdisciplinaire, mais qui ne date pas d'hier quand même.

Essayons simplement de commencer à esquisser à cette étape une définition de l'UX Design. En français, cela veut dire : conception centrée sur l'expérience utilisateur. Je pense qu'il est impossible de donner une définition de cette pratique, tant elle est pluridisciplinaire et tant elle évolue en permanence. Comme le dit Stéphanie « Transdisciplinaire », cela implique que celui qui dirige un projet UX Design donnera plus de crédit à une discipline en particulier. De façon simple, pour illustrer cette pluridisciplinarité, prenons les métiers d'origine de ces personnes des entretiens : Jean est psychologue, Céline est Designer, Jacques est chargé de communication et Stéphanie est ergonome. Chacun donne sa vision en mettant un peu plus de sa discipline d'origine, car il a été formé pour cela, mais cela reste finalement de l'UX Design car la préoccupation est toujours l'utilisateur au centre avec une méthodologie commune.

D'après Jean (Yassol, 2015), l'UX Design chez Orange remontrait à 2007 / 2008 :

> « […] il y a eu une prise de conscience de tout ce qui était UX, à partir de 2007 / 2008 et puis ça s'est accéléré depuis 2010 et ça commence à se démocratiser. ».

Pour Jacques (Domoll, 2015), vers 1997 / 1998 :

> « […] j'ai travaillé dans une agence UX à Paris qui s'appelle iAventis, qui a été créée en 1999 et qui est la première agence UX en France et que le terme User Expérience n'est pas beaucoup plus ancien que 97 ou 98, mais je ne peux pas vous dire exactement quand au départ […] ».

Cette pratique a donc environ quinze ans et se serait démocratisée il y a cinq ans après avoir été implantée dans de grandes sociétés. On peut donc parler d'une pratique innovante pour les petites structures qui arrive progressivement et de façon plus largement accessible à tout le monde. Comme le montre l'entretien avec Stéphanie (Langer, 2015) qui réagit subitement quand je lui suggère que l'ergonomie est réservée aux grosses entreprises :

> « Et bien non !!! non, non et non !! (rire) Ce n'est pas contre vous que je m'énerve. Quand j'ai été jeune diplômée de mon école, au départ ça n'existait pas des gens comme nous, diplômés à 25 ans, les web cogniticiens avaient tous 40 ans et formés sur le tas et coûtaient tous très cher. Donc ils ne faisaient que des gros projets dans les grosses boites. »

Selon elle, les nouvelles générations, sorties de l'école sont plus accessible aux petites et moyennes structures. Ce phénomène permet de rendre accessible cette compétence. L'arrivée dans les moyennes structures permet aussi le transfert de compétences entre professionnelles et tend à gagner de plus en plus de terrain dans la pratique professionnelle.

Nous allons maintenant aborder le processus de conception UX Design de façon plus précise, en nous concentrant sur la forme et les différentes approches : technologique, scientifique et normative. Ces aspects concernent les normes et les valeurs revendiquées par l'approche de l'UX Design. Elles servent de guide et de processus de conception. L'approche technologique permet de voir ce que permet et révolutionne la technologie dans l'UX Design. L'approche scientifique centrale permet de donner un cadre et des valeurs symboliques à l'UX Design. L'approche normative permet de certifier et valider des procédés.

Nous verrons ensuite le fond, c'est à dire la réflexion en termes d'action. Ce point de l'UX Design est central, car il marque une évolution très nette dans la pratique professionnelle de conception de projets numériques. Nous verrons également les freins et les accélérateurs de cette vision. Enfin, nous finirons sur l'organisation des projets et les changements organisationnels qu'ils comportent quand on utilise l'UX Design.

2.1 - Approche technologique

En général, quand on parle de projets numériques, il est très rare de ne pas parler des technologies ou même de tomber sous le dictat de la technologie. L'UX Design n'est pas une approche technologique car elle n'est pas issue des métiers techniques du développement informatique ou de l'architecture système. Comme nous le verrons dans la troisième partie, L'UX Design a plutôt été influencé par les métiers de l'ergonomie, voire de la psychologie et du marketing.

L'UX Design se sert d'outils, mais s'articule plus autour d'une méthodologie que d'un panel d'outils informatiques. Au niveau des outils, on trouve plutôt des outils de test pour les utilisateurs, mais nous y reviendrons dans la deuxième partie. L'outil de base est bien le mainframe et les questionnaires clients.

On voit cependant apparaître des plateformes aux USA qui proposent de réunir en une seule interface tous les outils nécessaires pour faire de l'UX Design. On peut citer le logiciel http://www.uxpin.com. La création de ce type de logiciel montre l'impact aux USA de l'UX Design. Je ne pense pas que ce type de logiciel soit une bonne solution pour la pratique professionnelle de l'UX Design. Un logiciel de ce type est très enfermant dans une méthodologie et je pense que chaque professionnel a sa propre pratique et ses logiciels de prédilection, en fonction notamment de son affinité avec une discipline qui compose l'UX Design.

L'approche technologique intéressante de l'UX Design est l'oculométrie. Il s'agit d'un dispositif qui permet de mesurer les mouvements de l'œil et ainsi savoir ce que regarde exactement l'utilisateur. Ce dispositif permet de récupérer des indications sur l'ergonomie, sur la logique et également donner des informations ergonomiques lors de tests utilisateurs.

L'utilisation de l'oculométrie se généralise beaucoup aux USA et on trouve aujourd'hui des systèmes pour moins de 100$ avec une fiabilité qui sera aléatoire. En revanche, les systèmes oculométriques les plus sophistiqués permettent même une certaine mobilité sous forme de lunettes.

L'UX Design n'a donc pas d'outils informatiques pré-établis même s'il existe des solutions de logiciels aux USA, qui tentent d'englober toute la méthodologie. L'UX Design se prête plus au développement de solutions technologiques comme l'oculométrie ou toute technologie qui permettrait le développement et l'automatisation des testes utilisateurs. C'est d'ailleurs dans ce sens que se développe les logiciels comme InVision, Balsamiq, …qui sont des logiciels qui facilitent le maquettage ou les tests utilisateurs.

2.2 - Approche scientifique

L'UX Design se veut clairement scientifique. Il y a une prise de conscience que certaines pratiques de communication ne sont pas basées sur des faits, mais plutôt sur des savoirs internes, qui sont parfois lacunaires. C'est Jean (Yassol, 2015) qui le souligne le plus de par son expérience « soit vous faites un service au « pifométre », soit vous utilisez des connaissances scientifiques. ».

Il va même plus loin et pointe du doigt certains métiers et certaines professions :

> « […] ce qu'il faut voir, c'est que les experts en marketing et communication ne connaissent pas ces travaux et du coup, ils font du « pifométrique » … et dans ce cas là, on

intervient parce qu'il y a des problèmes, donc il n'y pas nécessairement besoin de démontrer des choses ... le client est déjà conscient qu'il y a un problème, même s'il n'arrive pas à situer où il se trouve ce problème [...] ».

Jean, même s'il fait ici une généralité, souligne le fait que se baser sur des travaux scientifiques pour baser son raisonnement en terme marketing ou en terme de communication, est plus sérieux que se baser sur son intuition. Il le dit d'ailleurs dans la suite du texte quand il intervient suite à la détection de problèmes par son client.

Dans une autre partie de l'entretien, Jean souligne un point majeur, que j'ai eu la chance de mettre en pratique à travers l'étude quantitative de ce document. Jean dit :

« Clairement oui avec le marketing il y a souvent des tensions, avec la com aussi. Ils ne comprennent pas toujours ce qu'on fait comme métier, tout simplement. Ils ne savent pas trop, le service marketing va dire : « oui, mais on a fait une étude quanti et puis une étude quali, puis machin et les utilisateurs ont dit ça » et quand on leur dit : « c'est bien de savoir ce que les utilisateurs disent, mais c'est mieux de regarder ce qu'ils font réellement » parce qu'ils ne font pas toujours ce qu'ils disent [...] ».

Jean explique que le principal point de blocage qu'il rencontre avec les services marketing et communication, c'est que les professionnels ont déjà réalisé des études. Les professionnels de la communication et du marketing, comme nous le savons, se basent sur des études qui permettent de percevoir l'utilisateur et ses attentes. Ce qui est intéressant, c'est qu'il souligne que le fait de regarder au lieu de questionner, est parfois plus intéressant, car les utilisateurs se comportent souvent différemment de ce qu'ils prétendent[18].

Lors du questionnaire, à la question « pratiquez vous l'UX Design ? » auprès de 34 professionnels de la communication, nous avons 38 % de réponses positives. En revanche, à la question « Réalisez-vous des tests sur les utilisateurs potentiels ? », il n'y a que 15 % de réponses positives. Or, s'il pratique réellement l'UX Design, le professionnel est sensé répondre oui à ces deux questions. Ce que dit Jean et c'est ce que je mets en lumière ici, c'est que le questionnaire est une méthode formidable, mais qu'il faut se méfier et se baser sur des éléments factuels, dans le cas de l'UX Design, sur des éléments scientifiques.

Cette approche scientifique du travail n'est pas sans rappeler le taylorisme comme le souligne Philippe Bernoux (Bernoux, 2004, pp. 244-245) :

---

[18] Nous parlions de l'origine du parcours qui influence l'UX Designer qu'il soit psychologue ou Webdesigner. Typiquement ici on sent l'influence des études de psychologie qui comporte une très grosse partie sur la statistique et qui est très pointue.

« C'est le passage de l'empirie à la science que Taylor cherche à faire. Dans son étude sur la coupe des métaux (1909), il montre que cette coupe, au lieu d'être laissée aux mains d'ouvriers dont certains ne savent ni lire ni écrire, doit être analysée scientifiquement par des spécialistes pour gagner en efficacité. Les procédures seront donc modifiées. L'entreprise taylorienne se veut un lieu d'étude des tâches, menée de manière scientifique [...] ».

Il est toujours intéressant d'observer la propension qu'a l'humain à se diriger vers des normes et comme nous l'avons vu dans le cadre du taylorisme, parfois à se réfugier derrière une pseudoscience. Cet aspect du taylorisme orienté vers le scientifique peut pénaliser le discours de l'UX Design et le client peut le percevoir comme régressiste comme le dit Jean (Yassol, 2015) « si demain vous essayer d'envoyer une fusée dans la lune, essayez de l'envoyer au pifomètre et essayez de l'envoyer dans la lune, même avec des connaissances scientifiques ».

Toutefois, le scientifique n'arrive pas à convaincre tout le monde et comme le décrit Jean (Yassol, 2015), l'évidence ne marche pas à tous les coups :

« Le problème quand j'ai proposé ça, vient du marketing et de la technique, qui ont dit : « holà ... mais les autres ils font pas comme ça ». Ils sont restés bloqués là-dessus ... j'ai eu beau argumenter, *je leur ai montré des articles scientifiques*, je leur ai montré que ça ne marchait pas que ce n'était pas la bonne solution cette double-saisie et que la solution que je proposais était meilleure …, mais je n'ai pas réussi à l'imposer, enfin à les convaincre, parce que c'était trop nouveau ou pas dans l'air du temps ou que simplement ça allait changer les habitudes. Du côté marketing et technique, ils n'étaient pas prêts à faire ce genre de changement. »

Quand Jean montre des articles scientifiques, son client ne veut finalement pas changer sa façon de faire. Jean, dans la suite de l'entretien, appelle cela la « zone de confort ». Finalement, dans cet exemple, le client préfère ignorer un article scientifique qui démontre l'intérêt de la proposition de Jean, plutôt que de remettre en question ses connaissances professionnelles. Parmi les 34 professionnels interrogés sur leur pratiques professionnelles, 37% se basent sur des pratiques internes et 20% sur des pratiques externes. J'entends, par pratique interne et externe, l'acquisition de la matière qui permet de réaliser l'étude ou le travail de conseil auprès d'un client.

L'entretien de Jean démontre également que le côté scientifique est plus une pratique interne à l'UX Design qu'une pratique qui cherche à promouvoir une certaine qualité ou façon de faire. L'approche scientifique est presque épistémologique et représente une sorte de label ou de code interne à la pratique de l'UX Design.

Ce que je considère aussi comme une approche scientifique, et la troisième partie y sera consacrée[19], c'est l'introduction de la psychologie dans le processus de création. Dans tous les entretiens, on parle de la pratique de la psychologie sous des formes parfois pas du tout académiques, au sens de la psychologie. Pour illustrer cet exemple, nous citerons Céline (Bichope, 2015) : « Moi, j'ai étudié la psychologie pendant deux dans un courant qui s'appelle « l'analyse transactionnelle » ».

L'analyse transactionnelle n'est pas reconnue comme recevable académiquement par les sciences de la psychologie. Nous y reviendrons une fois de plus dans la troisième partie, mais la personne qui fait de l'analyse transactionnelle estime faire de la psychologie.

Sur l'approche scientifique Stéphanie (Langer, 2015) en parle dans la définition de l'UX Design :

> « [...] on a une définition commune et on s'accorde tous à dire que c'est le carrefour de l'ergonomie d'interface de la conception centrée utilisateur et avec tout cela, on ajoute des sciences humaines pour avoir quelque chose de quantifiable et mesurable. En plus de tout cela, on ajoute une composante moins palpable qui est de l'ordre de l'émotionnel, donc de la psychologie et des sciences cognitives, c'est de la psychologie cognitive. ».

---

[19] On parlera de l'éthique, des liaisons entre communication et psychologie en détails, chose que je n'aborderai pas ici.

Stéphanie précise ici un élément intéressant, c'est que les sciences humaines apportent quelque chose de quantifiable et mesurable. Elle précise également qu'on y apporte des sciences cognitives et de la psychologie. Ces éléments confirment l'approche des sciences humaines avec un objectif interne de mesure et de quantification des objectifs communicationnels. Ils confirment également l'utilisation de la psychologie comme science supplémentaire. Une des associées de Stéphanie, dans son entreprise, fait une thèse en psychologie.

Les entreprises comme orange que Cite Jean utilisent donc l'UX Design et la connaissance scientifique pour créer des produits numériques. Orange n'est pas le seul, Facebook par exemple, un des pionnier de l'UX Design, a un site Internet dédié à la recherche scientifique ainsi qu'une bonne partie sur l'User Experience, comme on peut le constater sur son site Internet (Facebook, 2015). Sur ce site, on peut constater que Facebook est un acteur important de la recherche et publie même des études scientifiques dans 16 domaines différents dont 12 publications dans User experience depuis 2009. Dans l'équipe de recherche dédiée à l'UX Design de Facebook, on retrouve des profils comme Carla Espana, Docteur en psychologie sociale, Lauren Scissors docteur en media, technologie et société d'une école de communication, Annie Steele, docteur en psychologie clinique ou Traci Mehlman docteur en sociologie et psychologue social. La liste est longue puisque le département UX Design est composé de 50 chercheurs plutôt orientés vers la psychologie[20].

Un autre exemple concernant une entreprise qui est assez à la mode en période estivale : Airbnb. Un article scientifique réalisé par Airbnb Inc et le MIT Sloan School of Management (Airbnb, Frandkin, Grewalt, Holtz, & Pearson, 2015) qui détaille le biais de réciprocité dans les système de notation en ligne. Cet article scientifique détaille le biais dans les notations et se propose de l'optimiser. L'article reprend des expériences de psychologie sociale menées sur les utilisateurs de Airbnb.

Il est intéressant de constater qu'une approche plus scientifique ne fait pas que modifier les processus de conception numérique. C'est également le domaine de la recherche scientifique qui subit des transformations et des mutations. On peut se demander, à juste titre, quelle évolution prendra la recherche, si son utilisation est automatiquement faite dans des multinationales comme Facebook, Google et Airbnb.

Il semble indiscutable que l'UX Design est orienté psychologie, mais également que les entreprises UX Design font de la recherche et s'appuient sur la science pour se développer. Certaines collaborent et publient des articles scientifiques. L'UX Design est donc une pratique axée sur la science et la psychologie.

---

[20] Pour consulter la liste des 50 chercheurs en UX : https://research.facebook.com/researchers/userexperience/

2.3 - Approche normative

L'UX Design est basé sur la science, mais a aussi une approche normative très importante. Si on se réfère à la cartographie de l'UX Design, le prototype formé jusque là vient être validé par des normes ISO et un test appelé SUS pour System Usability Scale.

Je ne pense pas que l'utilisation des normes ISO soit un moyen de corriger un biais qui serait introduit par une forte participation des utilisateurs, mais qu'il s'agit plus d'avoir des normes et une rigueur comme pour l'approche scientifique.

Il y a une véritable culture de la norme, surtout la norme ISO. Si on regarde le site de Jean, qui est une mine d'informations sur l'UX Design, et qu'on tape ISO dans le moteur de recherche[21], on constate qu'il y a au moins quatre articles sur les normes ISO. Ceci est assez rare sur les blogs qui parlent de la conception de projets numériques.

Cette introduction de la norme est très intéressante sur le plan des pratiques professionnelles. Habituellement une norme ISO est utilisée par des cabinets d'homologation comme l'afnor, pour certifier qu'une entreprise répond bien à la norme ISO. Le principal intérêt est pour l'exportation, afin de garantir un niveau de qualité. Cette certification est très coûteuse à une

---

[21] http://blocnotes.iergo.fr/?s=iso&submit=Rechercher

entreprise. Il s'agit ici de l'utilisation d'une norme ISO détournée de son usage de base puisqu'on va l'appliquer sans chercher à se faire certifier, et on l'utilise comme cadre de référence sur la pratique professionnelle.

Cette normalisation va permettre de garantir le respect d'un certain nombre de critères et donc de valider la qualité du livrable final. On peut citer, depuis le site de Jean, les normes ISO 26800 :2011, ISO 20282 1 à 4 sur la facilité d'emploi des produits quotidiens, ainsi que la norme NF EN ISO 9241-300 à 307.

Le test SUS a été inventé en 1986 par John Brooke et il permet de récupérer l'avis d'utilisateur sur des options tranchées. Il permet de connaître l'opinion des utilisateurs de façon simple et robuste. Il permet surtout de savoir ce que l'utilisateur, qui ne connaît pas encore l'interface, pense de sa navigation.

Il y a également les tests d'utilisabilité qui permettent de donner l'indice d'utilisation. Il va cependant être plus factuel puisqu'il sera réalisé sous forme de capteurs directement sur le site Internet. Ces capteurs sont typiquement des systèmes d'analyse comme Google Analytics. On crée donc des entonnoirs par exemple avec des objectifs et on récupère automatiquement le taux d'utilisabilité. L'UX Design est donc un processus de production qui se base sur des méthodes scientifiques et sur la normalisation pour valider ses productions.

2.4 - La réflexion axée sur l'action et non sur l'information

La partie que nous abordons sur le passage de l'information à l'action est fondamentale dans l'UX Design. Il s'agit de la clé de l'approche qui permet de passer du discours à l'acte. C'est la prise de conscience d'un projet numérique axé sur l'interaction et non sur l'information.

Quand Jean (Yassol, 2015) décrit l'UX Design :

> « En ergonomie ou en UX, on définit toujours une tâche à effectuer pour un utilisateur dans un contexte donné avec un outil bien particulier … voilà ! ».

L'UX Design consiste donc à concevoir un parcours avec des actions, avec bien entendu de l'information. Cette information n'est pas prioritaire dans le parcours, elle vient en parallèle. C'est cela qui modifie la façon de faire. Le visiteur va agir et découvrir, puis il commencera à acquérir l'information.

La plupart des projets de communication, qu'ils soient numériques ou pas, ont des objectifs communicationnels. Tout part d'une personne physique ou morale qui veut dire quelque chose. Il y a bien un objectif, quelque chose qu'on cherche à faire passer et ce quelque chose est une information. Dans le domaine de la télévision, on associe une émotion au message pour « toucher » les gens. Dans l'UX Design on réfléchit en terme d'action qu'on modélisera sous forme d'étapes à franchir.

Les recherches en sociologie convergent principalement toutes vers un axe, celui de la représentation de soi et de l'identité numérique. L'humain se projette dans une identité numérique (Georges, Représentation de soi et identité numérique. Une approche sémiotique et quantitative de l'emprise culturelle du web 2.0, 2009). Comme le savent les psychologues, parmi les théories de la perception de soi, il y a la théorie de l'auto-perception (Bem, 1972) qui définit ce que nous nous percevons à travers nos actions. Si je fais du sport, alors je me perçois comme sportif. Il n'est donc pas étonnant qu'on passe du concept de communiquer une information vers le concept d'engager les visiteurs, clients, prospect sur une interface. Si j'utilise l'application Nike pour courir, alors je suis un consommateur de produits Nike, donc forcément, j'achète des chaussures et des accessoires Nike.

L'UX Design propose de mettre de l'interaction à partir de l'expérience qu'il va offrir à l'utilisateur. Dans une expérience, on a du mal à concevoir un projet linéaire où il n'y a aucune interaction, donc on pense les projets en terme d'action. On travaille sur la représentation de soi dans les projets de communication numérique. Depuis très longtemps, les entreprises mettent à disposition des Internautes des services « gratuits » pour faire leur promotion, ainsi que pour les engager. Nous pouvons prendre comme exemple : les comparateurs d'assurances, Leclerc avec « qui est le moins cher ? », ...

Un français passe en moyenne 5 heures sur Internet, il ne peut pas retenir l'ensemble des informations qu'il consulte, alors il faut l'engager en terme d'action. L'engagement devient la solution pour capter du trafic et retenir les visiteurs. C'est la stratégie qui permet de rester connecté avec le prospect ou le client dans la représentation qu'il a de lui sur Internet.

Quand vous imaginez que Orange avec Sosh, dans les exemples de Jean (Yassol, 2015), utilise l'UX Design pour vendre des forfaits de mobiles « low cost ». Sosh n'a rien d'un réseau social, c'est un site e-Commerce, pourtant il a pensé son interface en termes d'actions avec donc une expérience utilisateur.

Un autre élément sur l'interaction, qui n'est pas directement lié aux travaux effectués en sociologie sur l'identité numérique, est la viralité. Internet et son biotope est un réseau cellulaire qui communique. Potentiellement, on a la capacité de toucher le monde entier très rapidement et les exemples ne manquent pas. On comprend rapidement que l'objectif d'une entreprise sur Internet est d'être partagée de la façon la plus simple et la plus pratique qu'il soit. Cette réflexion en terme d'action et d'engagement s'explique aussi par ce phénomène.

Le lecteur qui connaît le réseau social Facebook et qui dispose d'une page verra que cette mesure est présente directement dans les outils d'analyse des pages. On calcule une publication en terme d'engagement des personnes, c'est à dire en fonction de leur interaction avec la page ou avec les messages postés.

Figure 3 - Système statistique des pages Facebook

Comme le disait Goffman dans *Engagement* cité par Winkin
(Winkin, La nouvelle communication, 1981, p. 270) :

> « Etre impliqué dans une activité de circonstance, signifie
> y maintenir une certaine attention intellectuelle et
> affective, une certaine mobilisation de ses ressources
> psychologiques ; en un mot, cela signifie s'y engager. »

Même avant l'ère du numérique, l'engagement semble être
l'objectif recherché, lequel témoigne de la mobilisation qu'a une
personne dans un système social. Le passage de l'internet
consultatif à l'internet actif, engendre donc de l'engagement qui
devient une unité de mesure. On parlera de dialecte de
l'engagement (ibid. p.272) et de présence numérique.

Revenons aux travaux fondamentaux de Fanny Georges
(Georges, L'identité numérique dans le web 2.0, 2008) qui
conclut ainsi son article :

« L'essence de la représentation n'est non pas la sculpture *mais l'acte de la modeler* continuellement pour maintenir son existence fugace en soi.

Le web 2.0, en déployant l'identité agissante et l'identité chiffrée, *stimule les comportements compulsifs.* Il s'agit de se manifester sans cesse pour continuer d'exister et *maintenir l'existence de sa représentation*.

L'identité numérique dans le web 2.0 préfigure une focalisation générationnelle sur l'immédiat. Pétrir l'instant présent, dans la tension d'un avenir conçu comme *résultat de l'action immédiate.* » c'est moi qui le souligne.

Son raisonnement est basé sur les identités numériques qui fonctionnent en typologies. L' « identité déclarative » est simplement l'identité que déclare une personne sur Internet. Si on prend l'analogie avec Facebook : il s'agit du nom qui sera le vrai ou pas, la photo, sexe, date de naissance, …

Puis vient ensuite, l' « identité agissante » qui est « la trace temporaire d'une autre action ». Ces traces pourront perdurer comme par exemple pour remplir une collection qui de ce fait agira sur l'identité déclarative. L'application de course en ligne Runtastic mémorise toutes vos courses qui à leur tour participent à créer une collection de courses qui fini par faire de vous un coureur novice ou chevronné. Pour donner un autre exemple, quand vous devenez ami avec une personne sur Facebook, il apparaît dans le fil d'actualité « X est devenu ami avec Y » ce qui vient ensuite alimenter votre collection d'amis.

Enfin, on a l' « identité calculée » qui est une identité que l'utilisateur ne peut pas renseigner, contrairement à l'identité agissante, et qui est le cumul d'activités qui ne sont pas immédiates. Elles sont principalement quantitatives ou qualitatives. Par exemple, on peut retrouver « inscrit depuis le ... ».

Ces trois composants permettent de concevoir un réseau social engageant qui puisse procurer une expérience utilisateur pérenne et engageante. Un réseau social est d'abord un processus personnel qui permet de communiquer avec les autres à travers des normes calculées et des actions.

Il faut comprendre que, pour exister dans le numérique, l'individu doit créer son identité et agir afin de continuer à exister. Il est impensable de créer un projet numérique centré sur l'utilisateur sans l'engager et le rendre acteur de son identité. Il ne s'agit pas non plus de créer des réseaux sociaux partout, mais simplement de se servir de ce mécanisme, s'il en est, pour concevoir une expérience utilisateur qui est un but, qui génère de l'interaction et donc de l'attrait pour faire revenir le prospect ou le client.

Ces nouveaux modes marketing sont déjà largement expérimentés et utilisés. Selon vous quel intérêt aurait une marque comme Nike à fabriquer une application pour faire du sport ? Quel intérêt auraient toutes ces entreprises à vous fournir des applications mobiles gratuites ? Je ne suis pas de ceux qui sont conspirationnistes mais de ceux qui comprennent la définition de l'entreprise qui est d'être à minima rentable.

Le fait d'aimer, de commenter un article donne une présence numérique qui permet de s'engager. Cet exemple et cette citation de Goffman est reprise par Valérie Carayol dans *l'impossible audit de la communication* (Carayol, L'impossible audit de la communication, 2004, p. 51) pour illustrer le type d'engagement symbolique qu'on peut retrouver en entreprise :

> « Un certain nombre de pratiques peuvent être assimilées à des actes d'engagement : l'implication du directeur de l'organisation dans la politique de communication (par les éditoriaux dans les supports d'information par exemple, par l'organisation de réunions d'informations réunissant toute l'entreprise…). ».

Sur le même principe, un utilisateur peut s'engager symboliquement dans une interaction numérique. Cet engagement, qui est l'identité agissante, collaborera à la création de l'identité numérique telle que nous l'appelons simplement ou l'identité déclarative telle que l'appelle Fanny Georges.

Ce passage de l'information à l'action ou à l'interaction débouche sur l'expérience utilisateur. A travers sept études de psychologie sociale (Carter & Gilovich, 2012) :

« Participants even thought that the very same purchase, when described in experiential rather than material terms, would feel closer to their sense of self (Study 4). »

On voit bien que l'achat d'expériences prime très clairement sur l'achat de biens. L'humain pense en majorité que l'expérience a plus de valeur que le bien matériel.

Nous avons vu dans la partie « Approche scientifique » précédemment ce que sont ces profils de postes chez Facebook pour l'équipe UX Searchers, et il n'est pas anodin de retrouver des psychologues sociaux qui sont des experts de l'engagement social[22]. L'équipe UX Design de Facebook que j'ai analysée sur leur site Internet (Facebook, 2015) est composée en majorité de psychologues 8 sur 50 cela représente 16,6% de l'équipe et 7 sociologues pour 14,2%.

2.5 - Une nouvelle organisation des projets

Pour se rendre compte de la composition d'une équipe UX Design, j'ai pris de façon empirique l'équipe de recherche de Facebook sur leur site Internet (Facebook, 2015)[23]. J'ai récupéré à travers le curriculum vitae des membres de l'équipe leur parcours et les ai classés thématiquement dans des

---

[22] Nous détaillerons ces manœuvres d'engagement dans la troisième partie.

[23] Notons que l'analyse ne comporte en réalité que 49 membres sur les 50 personnes de l'équipe. En réalité, le chef n'a pas mis son parcours et sa formation. Une spécificité peut être des entreprises américaines où le patron d'un service n'indique pas ses diplômes.

disciplines qui ressemblent aux disciplines françaises. L'intitulé de leur poste étant la plupart du temps très vague « UX Researcher ».

Je précise ici qu'il s'agit d'une équipe de recherche qui n'est pas représentative dans le cadre de la production d'un produit numérique. Il ne s'agit ici que du fonctionnement du département UX Design. Ce département s'insère dans un processus de production numérique, plus axé sur la production. Comme indiqué sur le site Internet de Facebook (Facebook, 2015) : « The User Experience Research team is a diverse and collaborative group of *researchers who work directly with product teams* to create compelling social experiences on Facebook. » c'est moi qui le souligne. Ces chercheurs travaillent donc bien directement avec les équipes de production. Ils ont un travail conceptuel d'une part et également opérationnel d'autre part.

Nous reviendrons aux processus complets de production dans un second temps ; pour l'instant observons simplement ce qui compose selon Facebook une équipe spécialisée en UX Design.

On peut déjà faire une analyse simple de la répartition que nous schématiserons sur le tableau suivant :

Discipline	Nombre de membres	Pourcentage de l'équipe
Psychologie	8	16,6%

Sociologie	7	14,2%
Interface Homme Machine / Ergonome	6	12,2%
Design	3	6,1%
Informatique	2	4%
Communication	2	4%
Commerce	1	2%

Ce qu'on peut constater indéniablement, s'il fallait en douter, c'est que ce métier est très axé sur la psychologie, la sociologie et l'ergonomie. La fonction design n'a qu'une petite importance, tout comme la fonction commerciale, informatique et communication, puisque ces postes représentent, cumulés, le nombre de psychologues présents dans l'équipe.

Cette équipe chez Facebook fait partie des 3 plus gros pôles sur leur site et est mis en avant avec le « Data science » que nous appelons parfois Big Data et le « Systems Research » qui est la recherche technique en informatique infrastructurelle. On peut s'imaginer l'intérêt et l'ampleur que prend le phénomène UX Design. Toujours en observant le site Internet, on constate que l'équipe Big Data[24] est composée de 45 membres, soit 5 de moins que l'équipe UX Design.

De même, si on consulte les postes chez Facebook à travers le site de recrutement (Facebook, 2015), on constate qu'il n'y

---

[24] Malheureusement, Facebook ne communique pas le nombre de membres de l'équipe technique.

a pas d'équipe de webdesigner et que le département « Design & User Experience » dispose de nombreuses offres d'emploi.

L'équipe UX Design idéale, si nous avions des moyens quasiment illimités comme Facebook, serait alors composée d'une majorité de docteurs en psychologie, en sociologie et en interface homme machine. Cela démontre que l'UX Design et l'expérience utilisateur se veulent axés sur la sociologie et l'interaction entre les humains.

Jean (Yassol, 2015) va dans ce sens également, quand il nous parle de son expérience chez Orange :

> « [...] Apple avait des contrats assez particuliers avec Orange, à savoir qu'ils touchaient 30% du prix de l'abonnement du client Orange et en plus Orange finançait les téléphones gratuitement ... Orange avait accepté ce type de contrat et ils se sont fait joyeusement tondre comme des moutons par Apple, parce que l'iPhone s'est très bien vendu et donc, comme ils ont fait polytechnique, ils sont relativement intelligents et ils se sont dit : « holà ... y'a un truc là et il faut mettre en place des choses pour contrer ce genre de trucs » et là chez Orange, ils ont créé une division Design Usability, dans laquelle ils ont regroupé tous ceux qui faisaient du design, de l'ergonomie et surtout tous ceux qui faisaient de l'UX au sens large à ce moment là et donc je pense que ça a vraiment été à ce moment là qu'il y a eu une

prise de conscience de tout ce qui était UX, à partir de 2007 / 2008 [...] ».

Nous ne saurons jamais si c'est la prise de conscience d'avoir signé un contrat défavorable avec Apple ou s'il s'agit d'une coïncidence, mais ce qui est évident, c'est qu'Orange dispose d'une équipe UX Design qui semble être composée de la même structure que Facebook.

Comme le précise Jean, les Webdesigners ont été aspirés par ce phénomène comme il est décrit au début de cette partie. La fonction esthétique se transforme donc dans les grandes entreprises en fonctions psychologiques et sociologiques, sous-couvert d'ergonomie et interface homme machine. Cette nouvelle organisation des projets ne révolutionne pas seulement les métiers esthétiques, mais aussi ceux de la communication en général, qui, pour subsister, devra anticiper et évoluer en même temps que ces phénomènes.

Jacques (Domoll, 2015) a bien compris ce phénomène, ayant travaillé dans une agence UX à Paris, il a décidé de créer son entreprise spécialisée dans l'UX Design à Bordeaux :

> « [...] pour l'instant, les agences pure-UX s'adressent à de très grands comptes, mais plus sur les directions digitales assez vastes et séquences : j'ai mon agence UX, puis après c'est l'agence de communication qui intervient, ils vont mélanger un peu tout ça et il y a de la place pour des démarches UX pour des acteurs plus

petits avec des clients plus petits et cela va se développer fortement. ».

Il vise une clientèle plus petite et compte intervenir en amont de l'agence de communication. Cette approche n'est pas sans rappeler la façon dont l'ergonomie a pris le pas sur le travail de l'esthétisme des interfaces comme nous l'avons vu. Il est difficile de dire si L'UX Design remplacera l'agence de communication traditionnelle, mais il est certain qu'elle devra s'adapter ou subir l'arrivée des agences spécialisée UX Design car elles seront soit concurrentes, soit sous-traitantes de ces agences. Les travaux de l'école de Palo Alto et de Chicago sur l'interaction humaine que Winkin appelle le collège invisible (Winkin, La nouvelle communication, 1981, p. 27) ont été le résultat de la collaboration entre des sociologues (Chicago) et psychanalystes (Palo Alto). On retrouve cette dynamique dans la structuration de l'UX Design entre psychologie et sociologie, mais cette fois dans l'interaction numérique.

Stéphanie (Langer, 2015) va également dans le même sens que Jacques :

« . C'est ce que je mets en place actuellement avec ma boite, où on va se dire : « on ne peut pas payer quelqu'un sur tout le projet », mais faites au moins des analyses en amont comme ça vous repérez les caractéristiques. Ou faites des tests en fin de projet pour récupérer des analyses d'usage pour l'améliorer. On peut mettre une parcelle d'ergonomie dans son projet sauf qu'aujourd'hui personne ne le vend, car c'est moins sécurisant que de signer de gros projets comme Cdiscount. ».

Tout comme Jacques, elle vise une plus petite clientèle plus accessible qu'elle sensibilise sur l'ergonomie avec une approche partielle. Elle n'évoque pas ici le fait d'intervenir en amont d'un projet, mais plus de collaborer à un projet.

La société de Stéphanie se structure également comme l'équipe UX Design de Facebook et d'Orange. Ses associées font un doctorat, dont une en psychologie comme nous l'avions vu précédemment. La structure de son entreprise semble donc correspondre aux structures UX Design qui se créent. Peut être manque t il encore la dimension sociologique qui semble si importante chez Facebook. Comme nous l'avons vu dans la partie qui concerne la conception par l'action dans l'UX Design, la sociologie est très importante quand il s'agit de personnes interconnectées. A la lumière de cela, je dirais que leurs structures convergent vers l'UX Design mais ont moins de recul, de moyens et d'expérience que Facebook pour se structurer de façon aussi précise. Quoi qu'il en soit, nous constatons de véritables changements dans les entreprises existantes et dans les entreprises naissantes, comme pour Stéphanie et Jacques.

Nous avons donc vu que l'UX Design n'était pas un gadget technologique ou une méthodologie de gestion de projet numérique. Il s'agit d'une façon totalement différente de penser la façon dont on communique sur des outils numériques. La rationalisation de l'approche par des méthodes scientifiques et un certain nombre de normes permettent de quantifier et mesurer la réalisation des projets. Cette norme et cette culture scientifique semblent le résultat de profils composés majoritairement de personnes issues de la psychologie et de la sociologie dans la pratique de l'UX Design. Les mutations observées jusqu'ici permettent à ce stade de définir l'UX Design comme une mutation pluridisciplinaire de plusieurs acteurs des projets numériques. A l'intérieur de cette mutation, les choix sont faits par les acteurs et le côté scientifique et normatif a pris le pas sur les usages parfois qualifiés de « pifométriques ». Cette nouvelle organisation des projets numériques offre des perspectives nouvelles qui tendent vers plus d'interaction et de personnalités numériques. Dans la partie suivante, nous aborderons les opportunités ou les menaces que représentent toutes ces approches pour une entreprise.

3 - Une révolution pour les entreprises

« L'innovation est la clef de la prospérité économique. »
Michael Porter, professeur à Harvard

L'objectif de toute entreprise est d'assurer sa prospérité
économique. Comme le rappelle la vision schumpétérienne de
Michael Porter, cela passe par l'innovation. Mais l'innovation
est aussi une question de perception, toute nouveauté n'est
pas une innovation.

L'UX Design semble avoir été choisi par les entreprises de
grande envergure pour la réalisation de leurs projets
numériques. C'est en tout cas ce qu'on pourrait penser et c'est
partiellement vrai en France. Aux USA, l'UX Design est entré
dans les mœurs de la communication depuis quelques années
déjà. On peut le constater sur le site Internet UX Awards qui
récompense les meilleurs sites UX. En consultant la page sur
les postulants à cet award de l'année 2014 (UX Award, 2014),
on compte pas moins de 127 sites qui ont postulé.

Parmi ces sites de grandes marques comme : Hermes,
Chrysler, Adidas, MTV, MSNBC, Lush cosmetics, LG, Harley
Davidson, Los Angeles Times, Nasdaq, Whirlpool, American
Express, Boing, Mailchimp, Android, Google, Virgin USA,
Volkswagen USA, ...Ces sociétés travaillent toutes avec l'UX
Design. Mais il y a également de petites entreprises qui
travaillent avec ces méthodes. Cette méthode devient un
standard aux USA, alors qu'en France, une ville provinciale

comme Bordeaux commence à ouvrir l'UX aux petites et moyennes entreprises.

Ce qu'il faut également voir, c'est que tous ces projets UX Design ne sont pas réservés à un domaine particulier : e-Commerce, produits, services, information, … L'UX Design est bien pratiqué dans tous les domaines et intervient dès qu'il y a communication numérique.

Je suis également allé voir quel genre d'agence avait produit ces sites Internet et ces expériences utilisateurs pour ces marques. Certaines agences sont des agences spécialisées en UX Design et ne font que cela et d'autres, déjà existantes avant l'UX Design, se sont largement reconverties. Prenons l'exemple du géant de la production numérique aux USA, la société SAP. J'ai utilisé le système WaybackMachine[25] pour remonter le temps sur le portail de l'UX Design de SAP (SAP, 2015) qui est un site Internet très volumineux, qui se dit le portail communautaire de l'UX.

Ce site a vu le jour début 2012, au départ rien à voir avec l'UX Design. Ce site Internet était un blog dédié au Business Analytics à travers le sport[26]. La baseline était « Discover the

---

[25] https://web.archive.org permet de voir l'historique d'un site Internet en remontant le temps.

[26]

https://web.archive.org/web/20120530005523/http://experience.sap.com/wordpress/blog/

power of business-analytics – through the fun of sports ». Un site sur le le business-analytics et sur le sport.

Le 17 juin 2013[27], le site Internet change de cap. Le format Blog est abandonné, il devient SAP « User Experience Community ». Le site propose des ressources et des bonnes pratiques. Le 6 Août 2014[28], il devient enfin le site Internet tel que nous le connaissons aujourd'hui. Il se modernise, et passe surtout à un volume de contenus énormément plus denses. Il dispose même d'un forum de discussion sur l'UX Design.

On voit ici très clairement le changement stratégique effectué par SAP qui dispose d'un nom de domaine où il parle du Business Analytics sous forme de blog, en analysant le sport. Puis, prend conscience de la progression de l'UX Design et a pour ambition de créer tout de suite la communauté User Experience. Enfin, vu le succès de l'UX Design, il décide, à peine un an après, de lancer un portail dédié à ce sujet.

Cette adaptation stratégique de SAP illustre bien le succès et l'opportunité qui s'est créée aux USA avec l'UX Design. Les entreprises ont dû s'adapter ou se spécialiser pour proposer elles aussi de l'UX Design. Mais c'est surtout toute une filière

---

27

https://web.archive.org/web/20130617205611/https://experience.sap.com/

28

https://web.archive.org/web/20140806135124/https://experience.sap.com/

qui a dû se former et c'est là que SAP joue un rôle fondamental puisqu'il se met en position dominante en proposant de former, grâce à sa communauté, l'intégralité d'une filiale.

Dans cette partie, nous allons aborder la question de la résistance que peuvent opposer les entreprises et les équipes à l'arrivée de l'UX Design dans leurs propres pratiques professionnelles.

3.1 - Résistances des entreprises

Nous allons maintenant observer les réticences que rencontrent nos professionnels à travers les entretiens. L'UX Design s'intègre dans un processus de production qui part en général du produit ou du service vendu, puis se termine avec la partie technique et la mise sur Internet en phase initiale. On aura évidemment un processus d'optimisation parallèle qui créera des itérations dans le processus de production numérique, il s'agit du processus d'amélioration continue du produit.

Les modifications structurelles et méthodologiques qu'impose l'UX Design doivent forcément impliquer des résistances au changement au sein des organisations. Nous prendrons un premier exemple avec Céline (Bichope, 2015) :

> « c'est surtout les gens du marketing, alors ils sont pas tous pareil, mais généralement, c'est le client, qui fait quelque chose et il faut toujours faire plus de chiffre ...

plus de machins ... et donc à ce moment là, on va dire au webmarketeur « écoute, là, tu te débrouilles pour mettre en place des machins, des trucs qui vont faire que ça va générer plus de frique». Et donc là, les marketeurs sont partis dans des trucs qui sont absolument affreux, c'est ce qu'on appelle par exemple des dark pattern : ce sont des interfaces qui sont faites pour piéger l'utilisateur et le coincer pour l'empêcher de revenir à l'étape d'avant, quand on est en train d'acheter un objet ou quand la totalité du site disparait, quand on est dans le tunnel d'achat, c'est que des trucs comme ça. »

Céline ne nous dit pas totalement qu'il s'agit d'un problème avec les équipes marketing, mais semble souligner des démarches et des pratiques qu'elle qualifie presque de malversations envers les utilisateurs.

Je me suis renseigné sur le terme de « dark patterns » et j'ai trouvé un site Internet qui répertorie ces pratiques (Dark Patterns, 2015). Ce site liste les sites Internet qui utilisent ces fameux Dark Patterns pour piéger les utilisateurs. En résumé, il s'agit de produits ajoutés au panier à l'insu de l'utilisateur ou encore des cases pré- cochées pour verser un don mensuellement, au lieu d'une seule fois.

Céline dénonce ici une pratique qui semblerait venir de l'équipe marketing et dont l'éthique serait très limitée et qui tricherait pour faire plus de chiffre d'affaires.

Stéphanie (Langer, 2015), tout comme Céline, semble avoir besoin d'avoir une digression, à un moment pour donner son avis sur le service marketing, alors que je ne lui pose pas la question :

- Antoine Monchecourt : justement CDiscount... niveau ergonomie ...
- Stéphanie Langer : oui, justement tout le monde dit ça, mais ils ont un ergonome en interne, mais voilà ... il est dans le département marketing et ça en dit long sur ceux qui valident ce qu'il propose. Donc voilà, le pauvre est complétement bridé. Il a beau proposer ce qu'il veut, le marketing est plus fort.

Stéphanie nous dit que l'ergonome de Cdiscount n'est pas libre de faire son travail car selon elle, les personnes du marketing qui valident son travail doivent le brider. On constate une récurrence dans la perception du service marketing, que ce soit Céline ou Stéphanie. Selon elles, le service marketing ne sert qu'à faire gagner de l'argent à l'entreprise, sans prendre en compte l'ergonomie ou l'utilisateur final.

Et quand on lui pose la question directement :

- AM : Ce que vous dites rejoint peut-être ce que m'a dit une autre personne qui constatait beaucoup de frictions avec les personnes du marketing.
- SL : ha bah oui ! Disons que moi, je me suis clairement rangé pour bosser dans une branche où il n'y a pas de

filière marketing en face de moi. Donc j'ai simplifié le problème. Mais oui, c'et sûr que c'est compliqué.

Elle aurait même fait en sorte de ne pas travailler avec des entreprises qui ont un service marketing. Elle poursuit avec ceci :

- SL : Déjà argumenter avec des développeurs pour dire qu'on veut quelque chose, qui, pour eux, semble complètement tiré par les cheveux, qui, en plus leur demande plus de boulot et qui est beaucoup moins « funky » : cela n'est pas toujours compris.
- AM : là aussi vous devez avoir des tensions avec les équipes de développement ?
- SL : on apprend à les gérer, à moi, ça ne pose pas de problèmes et puis en plus c'est vraiment stimulant quand on apprend à passer outre, tout le monde bosse avec motivation.

Les équipes plus productives sont également réfractaires au changement qu'imposent des soucis d'ergonomie. Changer les habitudes semble compliqué dans la pratique professionnelle. Comme elle le dit, elle doit justifier sa demande au développeur. S'opèrent alors une négociation et une relation de pouvoir entre ergonomie et technologie. Elle semble également « apprendre à les gérer », or, en général, sur les projets numériques ce sont souvent ceux qui sont en bout de chaine qui ont le dernier mot. En plus de devoir convaincre,

Stéphanie doit vérifier que le travail a bien été réalisé et qu'il est conforme à ses recommandations.

Elle me parle un peu plus en détail de la relation qu'elle a eue avec des équipes de développement :

- SL : par exemple chez Discount, ces personnes ont beaucoup la parole - les techniciens développeurs nous disent : « ça, je peux ; ça, je ne peux pas » et quand on nous dit : « ça, je ne peux pas …», là, j'ai le cas en ce moment : je travaille sur un outil pour des personnes handicapées, alors, je leur dis, aux développeurs : « là, dans le champ, il faut pouvoir mettre des images », donc, dans le champ, je veux mettre des pictogrammes et là ils me disent :« non, dans un champ texte, on ne peut pas en mettre », et alors, je leur réponds : « Ah…Dommage…. » et on réfléchit ensemble.
- AM : je peux vous le dire … techniquement, c'est faisable … je l'ai déjà fait.
- SL : oui, je prends cet exemple car je sais qu'ils peuvent le faire, en tout cas, ils vont le faire, sinon je vais me fâcher (rire). Mais même s'il y a des points de frottement, on cherche toujours des solutions pour que l'utilisateur puisse au final utiliser l'outil et tout le monde est content.

On constate que les développeurs prennent le pouvoir sur ce genre de situation. En cas de discussions et de recherche de solutions, c'est celui qui a l'expertise qui donne la faisabilité. Dans ce cas, le savoir est asymétrique et Stéphanie intervient en amont. C'est donc le développeur qui donne sa validation technique avec ses compétences. Le développeur peut facilement profiter de la situation.

Le métier de Stéphanie semble assez conflictuel dans la collaboration, elle pourrait vite se retrouver avec un directeur marketing qui lui demande de vendre plus et ne la laisserait pas travailler selon la norme de son métier et quand elle finirait par y arriver, elle aurait un développeur qui lui dirait que ce n'est pas possible à faire.

On voit bien ici la friction et la résistance qui ne vient pas de l'ordre d'intervention, puisque le marketing, qui intervient avant elle, lui crée des problèmes tout comme le développeur qui travaille après elle. Il y a donc bien une résistance à son métier qui est liée à la nouveauté et au refus de remettre en question les pratiques professionnelles en entreprise.

Nous avions déjà étudié les frictions de Jean (Yassol, 2015) avec le service marketing et communication qui refusait de prendre en compte son avis, même avec l'appui d'articles scientifiques. Ce que met en avant Jean, ce sont plutôt les métiers de la communication et du marketing qui ne sont pas assez performants, selon lui :

> « [...] alors ce qu'il faut voir, c'est que les experts en marketing et communication ne connaissent pas ces travaux et du coup, ils font du « pifométrique » ... et dans ce cas là, on intervient parce qu'il y a des problèmes,

donc il n'y pas nécessairement besoin de démontrer des choses … le client est déjà conscient qu'il y a un problème, même s'il n'arrive pas à situer où il se trouve ce problème … si c'était ça le sens de votre question … ce que va demander un client, c'est un audit pour savoir et pour effectivement qu'un expert lui dise : « le problème est là, là, ou là … » on peut envisager ça comme méthodologie. Voilà. ».

Il intervient donc à la demande de l'entreprise pour auditer un projet déjà réalisé en internet et trouver des solutions. Cette approche et cette configuration ne semble poser que peu de résistance, puisqu'il a le pouvoir à ce moment dans l'entreprise. Sa collaboration est, de surcroît, peu importante puisqu'il n'y a pas forcément besoin de communiquer pour faire un audit.

La suite de l'entretien est intéressante car Jean va m'en dire plus sur les types d'échanges :

- AM : Quand vous rencontrez des professionnels de la communication ou du marketing et que vous leur expliquez que vous pouvez leur apporter une aide spécifique qui va venir remettre en question leur savoir, puisque dans l'UX on se centre non plus sur le savoir d'une personne mais sur l'utilisateur, comment réagissent-ils ? quelles sont les réticences ?
- RY : Clairement oui avec le marketing il y a souvent des tensions, avec la com aussi. Ils ne comprennent pas toujours ce qu'on fait comme métier, tout simplement. Ils

ne savent pas trop, le service marketing va dire : « oui, mais on a fait une étude quanti et puis une étude quali, puis machin et les utilisateurs ont dit ça » et quand on leur dit : « c'est bien de savoir ce que les utilisateurs disent, mais c'est mieux de regarder ce qu'ils font réellement » parce qu'ils ne font pas toujours ce qu'ils disent et bien ça commence un peu à les perturber et en plus, ce qu'on observe le plus souvent, c'est que les gens ne font pas toujours ce qu'ils disent dans les études et puis dans les services marketing, les gens sortent d'une école de commerce ou de communication, mais ils s'y connaissent très peu en statistiques, contrairement au côté psychologie, notamment cognitive, il y a pas mal de tests qui marchent très bien, donc quand je commence à éplucher leurs questionnaires et à leur expliquer que dans leur questionnaires et dans les questions, y'a déjà les réponses, enfin des choses comme ça, quand on regarde un peu plus dans le détail leur déontologie et qu'on les remet en cause, en général c'est pas toujours très bien perçu et c'est toujours un peu ce genre de choses qu'on a avec les gens du marketing après la com, il y a deux domaines un peu différent et il y a ce qu'on appelle les agences de com qui vont faire des sites, des machins, des trucs comme ça et puis ceux qui, derrière ont un réel objectif de communication et qui, en général, s'en remettent à quelqu'un d'autre pour faire la partie technique et ceux qui sont réellement dans la communication et qui vont faire des plans de com ; en général, y'a aucun problème pour travailler avec eux dans le sens où on n'empiète pas trop sur leur domaine, donc ça va et ils sont même preneurs de tout ce qu'on peut leur dire sur les utilisateurs ; après dans les sociétés plutôt com, genre agence, qui font du Web du « digital » du « machin » et tout, ils sont très dans le « whaoooo » donc là, ça doit … en fait … comment dire … le problème c'est que leurs clients se ne sont jamais les utilisateurs finaux et leurs clients sont les gens à qui ils vendent le site. Mais en fait celui qu'il faut séduire, ce n'est pas l'utilisateur, mais le patron de la boite à laquelle vous vendez le site quoi …

- AM : j'étais arrivé à cette même conclusion dans mon enquête préalable, mais là, on arrive un peu à une révolution du métier de la communication, on passe d'un modèle de communication principalement informatif à un modèle qui n'est plus forcément dans une dynamique d'information, mais plutôt tournée vers l'action de l'utilisateur, pour le tourner, comme vous le dites très bien, vers des actions et aller plus loin que ce qu'il dit.
- RY : oui !

Ici, il détaille son approche qui est tout de même très frontale, laquelle vient remettre en question directement le savoir des personnes. Il évoque une incompréhension de son métier dans les entreprises. Son approche est assez critique et comme il le dit, il crée des tensions.

Il précise une différence entre les différentes agences de communication et la façon dont il va plus ou moins empiéter sur leur savoir ou leur territoire professionnel. Cette perception du concurrent rend en effet difficile la collaboration en entreprise et crée forcément des frictions.

On constate aussi que certains acteurs de la communication sont très preneurs du savoir-faire de Jean, quand il dit « ils sont même preneurs de tout ce qu'on peut leur dire sur les utilisateurs ».

Comme on pourra le constater, l'intégration de l'UX Design en entreprise, crée des frictions dans la collaboration avec les professionnels déjà en place, qu'ils soient en amont ou en aval de la collaboration. En amont, on retrouve la fonction marketing et communication qui ne comprend pas le métier que fait l'UX Designer, avec parfois un refus de collaboration, voire une intention de brider le travail. En aval, il y a aussi un refus de mettre en œuvre un système, pour ne pas modifier ses pratiques professionnelles.

Cette collaboration est pourtant importante et les professionnels interrogés ont réussi à gérer, à leur façon, ces tensions. Jean lui, semble adopter une méthode plutôt directe par l'argumentation. Stéphanie semble plutôt dans une approche consensuelle voire d'évitement, quand elle parle d'avoir adapté son métier pour ne pas travailler dans le marketing.

Chacun avec sa méthode fait évoluer les mentalités des professionnels en place et contribue à l'arrivée progressive de l'UX Design dans les entreprises. Cette entropie qui organise fera l'UX Design français de demain.

Conclusion

L'UX Design est un processus de conception numérique très intéressant et profondément divergeant des méthodes et pratiques en place. On assiste à une évolution de toute la chaine de conception. C'est le passage de l'idée, de l'esthétique, à la recherche d'efficacité absolue et normalisée à travers l'expérience dans la communication numérique. Comme nous l'avons vu, les modalités de communication, l'évolution des comportements sur Internet, la transformation engendrent des évolutions rémanentes et interrelationnelles.

Les dispositifs de communication numérique prennent des formes caléidoscopiques ; Internet n'est plus une modalité de communication, mais un lieu culturel, voire une dimension virtuelle dans laquelle nous projetons notre personnalité. Les projets de conception de communication numérique suivent forcément cette voix et deviennent, à leur tour, polymorphes. Il n'est donc pas étonnant que des pratiques professionnelles disruptives voient le jour.

Dans cette première partie, nous avons analysé l'UX Design comme un processus de conception, en essayant de faire ressortir au maximum sa philosophie et les changements qu'elle comporte. Nous avons notamment observé l'implication sur la fonction esthétique des projets numériques. L'UX Design transforme l'appréciation de valeur d'un produit numérique en se concentrant sur l'aspect expérientiel.

Nous avons également étudié les différentes méthodes mises en places par les professionnels de l'UX Design et nous avons vu une approche très aseptisée de la communication. Pour faire de l'UX Design, il faut étudier les articles scientifiques et se référer à des normes ISO pour valider son travail.

Nous avons aussi constaté que l'UX Design était une méthode qui ne s'appuyait sur aucune technologie ou procédé fonctionnel informatique. L'approche ne nécessite aucune acquisition technologique particulière.

Nous avons mis au cœur de ce nouveau dispositif de conception de projet numérique le passage de l'information à l'action dans les projets. Il est pour moi central, car il est le concept mécanique et opérationnel de l'UX Design. Qu'il s'agisse de la projection de soi sur Internet ou de la perception de soi à travers l'expérience, la pratique de l'UX Design prévoit le découpage d'objectifs en actes et non plus en objectifs d'information. Cette perception justifie l'aspect scientifique et l'usage prédominant de la psychologie et de la sociologie.

Chaque projet numérique devient un shaker virtuel dans lequel les professionnels souhaitent voir leurs visiteurs échanger et créer de l'interaction. Cette interaction est le signe vital d'un projet numérique qui fonctionne et est indispensable aujourd'hui pour informer ou vendre.

Comme nous l'avons vu dans l'analyse des sites UX Design sur le site Internet UX Award (UX Award, 2014), tous les domaines sont touchés par ce phénomène. Il ne répond pas à une typologie ou un quelconque axe de communication dans lequel on pourrait l'enfermer. Stéphanie (Langer, 2015) quand elle nous dit mélanger architecture et UX Design : « De se dire que toutes ces méthodes là, qui peuvent aussi être utilisées dans la communication et de se dire que tous ces architectes qui font des choses très belles et inutilisables, me font me demander, si on ne pourrait pas mettre une petite pincée d'utilisateur dans leur méthodologie. »[29].

Si l'approche communicationnelle de l'UX Design est transposable du numérique à l'architecture, il ne fait nul doute qu'il s'agit d'une approche théorique d'une part et que cette approche théorique est un nouveau moyen de concevoir la communication d'autre part. Si on reprend la citation de Piero Scaruffi « Le paradoxe de l'innovation est qu'elle est acceptée comme telle qu'une fois devenue une imitation » alors l'UX Design ne sera une innovation que si sa pratique se généralise, ce qui est le cas aux USA. Le fait d'ailleurs que cette pratique vienne des USA, explique cette approche scientifique cartésienne qui donne priorité au savoir sur la pratique.

---

[29] N'étant pas issue des métiers de la communication mais plus de l'ergonomie, Stéphanie fait une distinction nette entre communication et architecture. Rappelons que la communication au sens large s'apparente plus à une culture (Winkin, La nouvelle communication, 1981) (Winkin, Anthropologie de la communication, 1996) et que dans cette culture, il y a le langage et aussi les productions architecturales qui sont des moyens de communication autant légitime que l'écriture et la parole.

Sylvie Daumal dans son livre *Design d'expérience utilisateur* (Daumal, 2015) met en garde sur la question de l'innovation : « Comme tous les termes à la mode, « innovation » fait l'objet de nombreuses mauvaises interprétation. Innovation ne signifie pas invention. L'innovation, c'est l'adoption et généralisation d'une invention. ». L'UX Design sort des horizons de l'innovation schumpétérienne avec l'innovation participative (Breton, 1984). J'aime croire, comme le suggère Franck Comerais, à une théorie « post-schumpétérienne » dans l'émergence des pratiques de communication numérique (Laboratoire MICA, 2013, p. 151). La question de l'innovation se trouve remise au cœur des réflexions avec la question de la production collective de biens publics (Beuscart, Dagiral, & Parasie, 2009) et des usages économiques qui peuvent en être faits.

Nous avons fait le point, à travers les entretiens, sur la résistance qui se crée autour de l'introduction de projets UX Design dans diverses entreprises. Nous avons constaté des difficultés que ce soit en amont ou en aval des projets. Une légère rivalité se crée aussi entre UX Designer et équipes en place.

Nous avons donc étudié jusqu'ici l'UX Design sur ses aspects pratiques, en omettant volontairement la dimension de l'utilisateur au cœur des réflexions. Et ceci pour deux raisons : la première est que je voulais y dédier une partie, tant la question est vaste, la seconde étant que cette pratique n'est pas une composante révolutionnaire de l'approche UX Design, contrairement à ce que l'on pourrait penser. La partie suivante traite donc de l'aspect socioconstructiviste de l'UX Design.

Partie 2 - Un processus de conception centré sur l'utilisateur

Nous allons voir maintenant en quoi l'UX Design se dit avoir une approche centrée sur l'utilisateur. Cette approche centrée promet de mettre l'utilisateur au cœur de la problématique et de la réflexion.

Le groupe d'utilisateur test est en général présent tout au long du processus de conception UX Design. Il prend des aspects complètement différents en fonction de l'étape du projet à laquelle on se trouve. Pour résumer rapidement ce schéma, je propose de réaliser le tableau récapitulatif ci-dessous. Il reprend la phase de création et définit le groupe, l'objectif que va avoir l'appel à ce groupe, le type de production qui ressortira de cet usage du groupe et enfin la fonction qu'a le groupe.

Phase	Groupe	Objectif	Type de production	Fonction
Conception	Entretiens individuels ou en groupe	Récupérer les opinions et motivations à travers les expérien	Profils types appelés personas	Informative

		ces vécues des utilisateurs		
Organisation	Test individuel appelé DIY (do it yourself)	Utiliser les réactions des utilisateurs pour concevoir un outil	Perfectionnement de l'outil	Evolutive et corrective
Design	Test individuel à distance	Test en conditions réelles de l'utilisateur depuis chez lui	Validation de l'outil	Validation
Production	Test utilisateur	Test utilisateur final en conditions réelles	Validation finale	Validation

On voit donc bien que le groupe de testeurs va changer de rôle progressivement tout au long du projet.

Cet accompagnement du cycle de production du projet numérique donne tout son sens au nom « centré sur l'utilisateur ». Sans le groupe d'utilisateurs, le projet n'a ni base de connaissance, ni processus d'itération de la conception et enfin aucune validation.

Le groupe a un pouvoir d'influence, comme le définit Watzlawick dans *La réalité de la réalité* (Watzlawick, La réalité de la réalité, 1976, pp. 92-93-94) que ce soit dans la chanson de Herr Slossen Boshen ou la caméra candide, quand un groupe social fait pression sur une personne, il a deux choix qui s'offrent à lui. : soit il change son comportement pour satisfaire le groupe, soit il se rebelle. Ce que met en évidence Watzlawick, c'est la notion de la réalité que peut avoir un groupe de personnes. Un groupe est donc capable d'avoir une représentation particulière de la réalité, de façon totalement marginale. Ce groupe qui introduit la norme en son sein, peut donc par nature introduire un biais ou une vision en rupture avec ceux d'autres groupes. L'UX Design tient compte de ce phénomène, puisqu'il va s'imprégner de la réalité du groupe d'utilisateurs, de clients ou de personnes, auxquels on veut communiquer une information.

Dans *Anthropologie de la communication* (Winkin, Anthropologie de la communication, 1996, p. 113) Winkin cite Goffman :

« L'idée de base est qu'une interaction entre deux personnes, n'est jamais seulement une interaction, c'est-à-dire une simple séquence d'actions/réactions limitées dans le temps et l'espace ; c'est toujours aussi un « certain type d'ordre social » (Goffman, 1988, p. 96) ».

Cette vision du couple interaction / ordre social est intéressante, car elle nous renvoie aux fondements même de la construction sociale. De tout temps, c'est bien l'interaction qui a permis de construire des structures sociales, ainsi que l'ordre social. L'humain est par nature sociable, il a besoin intrinsèquement des autres pour survivre. Comme le rappelle Winkin (Winkin, La nouvelle communication, 1981, p. 152) en citant Scheflen « Tout individu a été élevé dans un groupe social ; sinon il n'aurait pas survécu ». C'est ce qui crée la culture de base d'un individu, son éducation, c'est le référentiel. Un groupe qui se forme fabrique son propre référentiel.

Le travail de modélisation et de questionnement permanent de la communauté dans l'UX Design permet d'apprendre à parler le langage du groupe, pour s'adresser à lui d'une part et pour valider le travail sémantique, la perception qu'il a d'autre part.

On pourrait se poser la question matérielle de l'envol des coûts d'un tel procédé. En réalité, nous y reviendrons, il y a d'ailleurs plusieurs possibilités : payer une entreprise pour le faire, payer des clients ou des utilisateurs pour le faire ou bien les engager pour qu'ils le fassent gratuitement. Les jeunes start-up aux

USA, arrivent à faire de l'UX Design avec des utilisateurs et des budgets plus que modestes et en partant du principe que « les amis de mes amis sont mes amis ». On peut toujours trouver des utilisateurs potentiels dans ses connaissances et c'est cela qui fera aussi la différence entre un projet UX Design modeste et celui d'Orange ou Facebook[30]. De même sur le modèle sociologique de la projection du soi sur Internet, on imagine trouver facilement des testeurs.

Depuis les années 1980, les sociologues s'intéressent aux dynamiques sociales de construction des technologies. Dans *Communiquer à l'ère du numérique* (Bonu, et al., 2011, p. 255) l'article d'Alexandre Mallard reprend le lien entre usage et innovation. Il décrit le processus de production comme ceci :

> « la trajectoire d'un produit repose sur le passage par deux univers relativement distincts. Dans celui des concepteurs, le produit va suivre tout un parcours, parfois complexe et chaotique, depuis l'idée qui lui a donné naissance jusqu'à la fabrication. Dans celui des utilisateurs, on assiste à un processus – qui peut lui aussi être chaotique de par la multiplicité des identités des utilisateurs et de leur interventions – par lequel les usages se forment et se structurent : le mécanisme d'appropriation. La commercialisation marque le moment de basculement entre ces deux univers et les

---

[30] Dans mes recherches de prix, j'ai trouvé ce site Internet qui propose des tests utilisateurs UX Design aux USA
http://www.measuringu.com/services/usability-testing

dynamiques qui les caractérisent. Avant elle, c'est la technique qui s'élabore ; après, ce sont les usages effectifs. ».

Il pose ici la description précise du processus de création généralement observé dans les entreprises. Il aborde ensuite les usages « de détournement, voire de subversion » (Ibid. p. 157) que font les utilisateurs pour le grand drame des concepteurs. On peut y voir une analogie avec l'exemple de l'entreprise « Les comportements d'appropriation sont eux-mêmes porteurs de changements, lorsque les acteurs leur donnent le sens des interactions disruptives selon Goffman. » (Bernoux, 2004, p. 65).

Mais cela ne concerne pas seulement l'usage, il s'agit aussi du contenu (Bonu, et al., 2011, p. 157) « Quant aux contenus associés aux services, ils font l'objet de multiples phénomènes d'interprétation, amis aussi de création, de réutilisation et de recombinaison. ». Ce processus de conception et de production numérique qui sont décrites, semble totalement inefficace sur le contenu comme sur le contenant.

A partir des années 1990, on essaye alors d'inclure l'univers extérieur du projet dans la phase de conception et de réalisation. Alexandre Mallard (Ibid. p. 263) parle d'incuber, percoler et internaliser les usages dans la phase de conception-réalisation. Ce sont des modèles qui ressemblent à l'introduction des utilisateurs dans les phases de conception et de réalisation. La dynamique de percolation est assez similaire à celle qu'utilise l'UX Design pour la conception de projets numériques. Alexandre Mallard prend cet exemple de la planche de surf dans les années 70 avec les prises de pieds que rajoutaient les surfeurs en bricolant et dont se sont inspirés les fabricants de planches de surf.

Les usages inspirent donc l'innovation et réciproquement l'innovation inspire les usages. Cet exemple nous montre que l'UX Design n'a pas inventé le concept de mettre l'utilisateur au centre et que les chercheurs en sociologie travaillent sur ces concepts depuis 1980.

Les entreprises ont déjà compris depuis très longtemps que plus on échange avec ses potentiels utilisateurs, plus l'intelligence collective fait ressortir des idées et des solutions. Jacques (Domoll, 2015) explique sa vision centrée sur l'utilisateur de la façon suivante :

> « Alors l'expérience utilisateur, c'est quoi ? c'est de considérer les personnes qui utilisent un service numérique sous forme d'application ou de logiciel, en tout cas virtuel, qui fonctionne par des programmes informatiques, c'est de ne pas les considérer par le ciblage marketing, qui est plutôt le mode opératoire du marketing des années 80 qui les considère par typologie d'usage ; ça change la donne, car on ne s'intéresse pas à qui ils sont, mais on ne va pas s'intéresser à leur critères socio-démographiques, mais s'intéresser à savoir quels sont leurs besoins et leurs problèmes dans

l'usage des services, comment, dans la conception de ce service, l'étude des usages permet d'identifier les aspects innovants qui vont le mieux résoudre le problème et ça c'est une approche qui est encore plus marquée . ».

C'est exactement ce que décrit Jacques : on passe du modèle ciblage qui n'est donc pas certain, puisque qui dit cibler dit « possibilité de ne pas toucher la cible », à un modèle de co-construction beaucoup plus précis et efficace. C'est ce phénomène d'incubation des usages et de percolation que décrit Alexandre Mallard. Se centrer sur l'utilisateur est très vague, cela n'inclut pas par définition que l'utilisateur est incorporé au processus de conception. Contrairement à ce que nous disait Jacques et les pratiques de Jean qui nous a permis grâce à son schéma de comprendre l'intervention idéale de l'utilisateur, voyons comment Céline (Bichope, 2015) présente les choses :

« C'est une démarche qui consiste à prendre en compte le besoin existant ou supposé d'un utilisateur, car parfois, il arrive … on va dire qu'avec des statistiques tu peux dire qu'il est réellement supposé […] ».

A priori, il y aurait des utilisateurs supposés qui ne viendraient pas des études et des analyses de terrain. On constate également que ses propos sont : « prendre en compte le besoin existant d'un utilisateur ». Il n'est pas question de lui demander ou de l'interroger, mais de prendre en compte ses besoins. Comme je le disais plus haut, le curseur UX Design est très vaste, car cela va dépendre du taux d'implication que le professionnel va prendre dans son projet. Voyons également de discours de Stéphanie (Langer, 2015) :

> « Notre métier est vraiment axé sur l'utilisateur, en récupérant l'action du terrain et en travaillant avec les futurs utilisateurs que ce qu'on fait, va dans la bonne direction [...] ».

Le discours ici est beaucoup plus un discours d'incubation des usages que celui de Céline, qui note simplement, sans forcément que se soit totalement issu du terrain. Il s'agit là de la nuance et de l'interprétation de chacun quant à la définition de l'UX Design. Ce que dit Stéphanie est important, car il faut également différencier les usages pour inclure les utilisateurs : questionnaires, focus groupe, ... Ces méthodes impactent forcément la qualité de l'incubation. Nous allons justement voire maintenant les méthodes pour mettre ces utilisateurs au centre de la réflexion et nous verrons comment exploiter au mieux l'utilisateur pour prendre son besoin. Enfin, nous verrons les dérives que peuvent comporter les démarches socioconstructivistes.

1 - L'incubation des usages et ses méthodes

« Si tu veux connaître quelqu'un, n'écoute pas ce qu'il dit, mais regarde ce qu'il fait. » Dalaï Lama

Dans l'incubation des usages de type percolation, on retrouve deux types principaux de mises en œuvres : le type « open innovation » et le type « fil à la patte ». Les deux types se différencient par la question de la commercialisation. L'open innovation est tout d'abord un processus de co-construction, et puis la commercialisation vient à la fin, alors que le « fil à la patte » est d'abord un processus de commercialisation, puis les utilisateurs co-construisent le produit ensemble (Bonu, et al., 2011, pp. 269-270).

Rappelons une fois de plus que la construction collaborative n'est pas apparue avec l'UX Design, mais que l'UX Design se sert de ces théories qu'il va porter à l'extrême, puisqu'il va l'inclure dans son fonctionnement comme une pratique acquise. L'incubation des usages devient alors une norme centrale dont on ne peut plus se passer.

La commercialisation des productions numériques collectives a beaucoup intéressé les chercheurs en sociologie (Beuscart, Dagiral, & Parasie, 2009) :

> « au fur et à mesure que l'économie du Web se complexifie, la question des modèles d'affaires d'Internet, particulièrement de l'articulation entre gratuit et payant, a

fait l'objet de contributions théoriques décisives, du fait notamment des développements de la théorie des marchés multi-faces, qui permettent de comprendre comment les firmes peuvent sous-facturer un acteur d'un marché (offrir des biens gratuits aux internautes) et se rémunérer sur d'autres versants (sur le marché publicitaire, ou celui des services aux entreprises) (Rochet et Tirole, 2003 ; Gaudeul et Jullien, 2007)[31]. »

Nous avions déjà abordé cette question avec les applications Nike pour courir, mais sur l'aspect perception de la marque et non sur l'aspect économique. L'intérêt aujourd'hui pour une entreprise, parce qu'il faut un intérêt économique, est de pouvoir utiliser l'incubation des usages sur un service gratuit, tout en commercialisant le produit fini sur un créneau payant. Ce subterfuge, s'il en est, permet de répondre à la question du profit des productions numériques collaboratives.

Si on prend l'exemple de Facebook, son utilisation est totalement gratuite et nous savons à quel point il s'agit d'un incubateur des usages à échelle planétaire. La rémunération provient, au delà de l'aspect boursier, des publicités payantes qu'ils proposent aux professionnels.

---

[31] ROCHET (J.-C.), TIROLE (J.), 2003. « Platform Competition in Two-Sided Markets », Journal of European Economic Association, 1, pp. 990-1029.
GAUDEUL (A.), JULLIEN (B.), 2007. « E-commerce, two-sided markets and info mediation », in BROUSSEAU (E.), CURIEN (N.) (dir.), Internet and Digital Economics, Cambridge University Press.

« Dans un effort de synthèse de ces développements, Brousseau et Pénard (2007)[32] proposent ainsi une typologie complète des modèles d'affaires numériques, articulant les trois dimensions du matching (les modalités de rencontres entre offreurs et demandeurs), la modularité (le degré d'intégration des différentes composantes d'un service) et la gestion de la connaissance (le degré d'ouverture de la firme aux contributions extérieures). »

Ce passage est très intéressant car la troisième dimension concerne l'incubation des usages. C'est cet aspect ouverture de la firme qui met en évidence que l'incubation des usages est devenue aujourd'hui un facteur indispensable et très lié aux modèles économiques des entreprises.

Dans la typologie de Brousseau et Penard, on retrouve également dans la dimension ouverture et gestion de la connaissance, une matrice qui permet d'affiner cette connaissance. Elle définit d'une part si la connaissance est publique (s'il s'agit de science) ou si elle est fermée, et d'autre part si l'extraction d'informations et l'utilisation de cette information est hiérarchisée (organisée) ou pas (spontanée).

---

[32] BROUSSEAU (E.), PENARD (T.), 2007. « The Economics of Digital Business Models : A Framework for Analysing the Economics of Platforms », Review of Network Economics, 6/2, pp. 81-114.

Bien avant de parler d'UX Design, les entreprises avaient déjà commencé à utiliser les utilisateurs et les avaient inclus dans leurs modèles économiques comme les acteurs d'une innovation. L'UX Design démocratise donc ce procédé d'incubation au delà des firmes.

Ces deux modèles d'incubation[33] « open innovation » et « fil à la patte », sont des modèles qu'on retrouve très souvent sur Internet. On voit souvent des sites Internet en version « beta » qui proposent un service gratuit avant de passer en mode payant. On constate aussi beaucoup de petits outils comme : « aidez nous à améliorer le produit ». Cette stratégie a un avantage majeur, celui de constater au lieu de demander. Dans les processus classiques, les responsables communication ou marketing font des sondages et des enquêtes qui ont pour objectif de savoir ce que pensent les utilisateurs du service ou du produit. Et comme le souligne très justement Jean (Yassol, 2015) « c'est bien de savoir ce que les utilisateurs disent, mais c'est mieux de regarder ce qu'ils font réellement ». L'incubation des usages permet de récupérer *in situ* les comportements des utilisateurs. On se base sur des éléments factuels et non sur des paroles. Nous renvoyons le lecteur à la citation du Dalaï Lama de ce début de partie.

L'utilisation des ces incubations des usages ne sont cependant pas sans risque, comme le souligne Alexandre Mallard (Bonu, et al., 2011, p. 268) qui met en avant le problème des fuites

---

[33] Il en existe d'autres

technologiques, de la concurrence qui a accès au terrain d'innovation ; je le cite ici :

> « Les utilisateurs actuels d'un service ne sont pas toujours les meilleurs explorateurs pour appréhender le comportement des non-utilisateurs, ne serait-ce que parce que la non-utilisation peut elle même constituer une démarche qui prend son sens en tant que telle ».

Ce point est très intéressant, car il souligne les limites de l'approche co-constructive d'un processus de création de projets numériques. L'observation des utilisateurs a bien sûr ses limites et n'est une science exacte. Tout repose sur la pertinence des observations et la multiplicité des approches. L'UX Design semble ne pas tenir compte, à ma connaissance, de ce type de biais dans les études de terrain, puisqu'ils observent leurs utilisateurs.

Il serait judicieux, voire même opportun, d'inclure dans la population de testeurs des non-utilisateurs, qui apporteraient un regard critique et ce serait aussi une source formidable d'informations pour comprendre le processus de persuasion ; mais avec la limite que l'acceptation de participer à ces tests introduirait également un biais sur la perception du produit lui-même. Toute la problématique d'inclure des non-utilisateurs dans la population de testeurs reposera sur la question de savoir comment convaincre des personnes non-intéressées par un service de le tester gratuitement ?

Même s'il apparaît aujourd'hui logique de construire un projet en utilisant l'incubation, il faut garder à l'esprit que ce procédé n'exclut pas totalement les imprévus, les adaptations et usages dérivés qu'en feront les utilisateurs. Les utilisateurs détourneront toujours à leur profit et contourneront les usages. Ces comportements se retrouvent dans le piratage de logiciels ou l'exploitation de failles de systèmes, pour contourner un paiement ou un fonctionnement.

Si on prend par exemple l'application Tinder, qui est une application de rencontres particulièrement innovante et très intéressante, on constate qu'elle surfe en plus sur le courant actuel des applications très centrées sur l'utilisateur et l'expérience, comme on peut le constater en regardant la vidéo sur la page d'accueil (Tinder, 2015). Le fonctionnement de Tinder est de proposer une liste de profils et de sélectionner si l'utilisateur aime ou pas ces profils. Si deux profils s'aiment, alors ils matchent, sinon ils ne se rencontreront jamais.

Pour « pirater » Tinder, il suffit de prendre l'application Bonfire. Une fois installée, cette application contourne totalement le fonctionnement de Tinder. Vous pouvez du coup savoir qui vous a matché, ce qui va totalement à l'inverse du concept initial. Une fois installée en 30 minutes, vous avez matché ceux qui vous matchent et la part de destin s'efface ainsi, reléguant Tinder à une vulgaire application de rencontres. Bonfire permet aussi d'aimer les profils en masse, et surtout de revenir en arrière, c'est à dire « aimer » quelqu'un qu'on n' « aimait pas », juste parce qu'il nous aime maintenant.

Ces modèles pourtant destinés à avoir un succès phénoménal[34], comme Airbnb, peuvent se retrouver très menacés, à cause du contournement qu'on va faire de leur utilisation. Dans le cas de Tinder, il sera intéressant de voir comment dans les prochains jours et semaines la société va régler ce problème de bug informatique qui permet l'exploitation dérivée, abusive et gratuite de son service payant.

Selon Alexandre Mallard (Bonu, et al., 2011, p. 372), l'incubation des usages repose sur 3 dimensions : l'instanciation du produit, la choix des testeurs et le cadrage des tests au sein de l'incubateur. Ces trois aspects sont importants dans la réflexion d'une approche UX Design, surtout que tout le processus de production repose sur cette approche.

Si on met en relation l'approche de Jean (Yassol, 2015) et celle de Alexandre Mallard (Bonu, et al., 2011), je propose le schéma suivant du processus socioconstructiviste de l'UX Design :

---

[34] Il suffit d'aller voir la vidéo des locaux de Tinder (Tinder, 2015) sur la page de recrutement de leur site Internet pour se rendre compte du vif succès qu'il remporte.

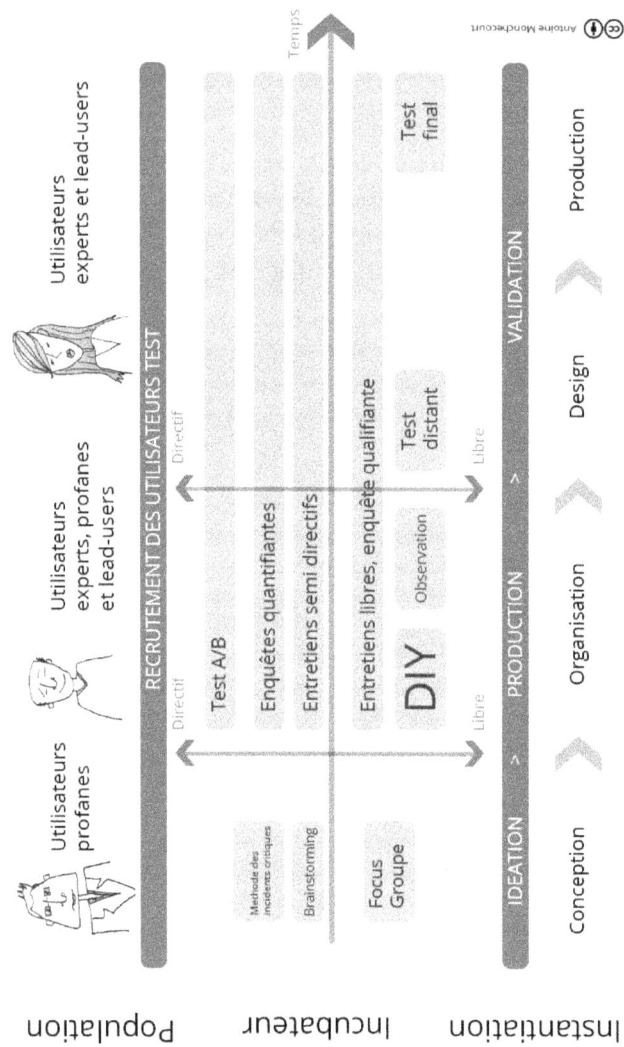

Figure 4 - Incubateur des usages

On retrouve de gauche à droite, les étapes de construction du projet avec le temps qui passe tel que décrit par Jean (Yassol, 2015). De haut en bas, nous retrouvons les trois dimensions d'Alexandre Mallard (Bonu, et al., 2011).

La population n'est pas la même, en fonction de l'étape du projet, comme le souligne Alexandre Mallard (Bonu, et al., 2011, p. 274). Un utilisateur profane sera plus à même d'apporter de l'innovation, alors qu'un profil technique apportera des solutions. Il vaut mieux donc les mettre en fin de parcours.

La palette d'outils utilisés dans l'incubateur dépendra donc du projet et des besoins allant du totalement libre au totalement directif. Chaque UX Designer pourra donc concevoir son incubateur en fonction de son projet.

Nous allons maintenant comparer cette modélisation avec l'approche du livre *Design d'expérience utilisateur* (Daumal, 2015). L'UX Design y est représenté sous la forme de l'organisation suivante : découverte, idéation et itération. On retrouve bien le processus continu qui est nommé ici itération. En revanche, son approche comporte 2 parties bien distinctes : l'idéation et l'itération.

L'idéation est la partie qui consiste à construire le projet, c'est la partie innovation et ensuite la partie validation est la partie itération. La méthode, même si elle est moins détaillée que celle de Jean (Yassol, 2015), reste similaire et comparable à notre modélisation, et réciproquement.

Nous allons maintenant voir les différents moyens que l'on peut utiliser pour questionner les utilisateurs. Ils ont été répertoriés à partir d'expériences personnelles, du livre *Design d'expérience utilisateur* (Daumal, 2015). Il n'est pas ici question de dresser une liste exhaustive, mais plutôt de résumer des méthodes possibles qui illustrent l'étendue des méthodes et voir quelle est leur inspiration des sciences sociales.

1.1 - Méthode des incidents critiques

La méthode des incidents critiques est, selon la définition (Wikipedia, 2015), la suivante:

> « La méthode des incidents critiques est une technique qualitative d'interview qui facilite l'étude d'événements significatifs (incidents, processus, ou questions) identifiés par la personne impliquée dans ces évènements, la façon avec laquelle ils sont gérés, et les effets en termes d'affects perçus. L'objectif est de mieux comprendre l'incident du point de vue de l'individu, en tenant compte des éléments cognitifs, affectifs et comportementaux (Chell, 1998)[35]. »

---

[35] Chell, E. (1998). "Critical Incident Technique", in Qualitative Methods and Analysis in Organizational Research : A Practical Guide, Gillian Symon and Catherine Cassell, eds. Thousand Oaks, CA: Sage, p. 56

Cette méthode permet principalement de récupérer une perception qu'a l'individu dans telle ou telle situation, afin d'en tenir compte.

1.2 - Brainstorming

Le brainstorming est très intéressant pour récupérer des usages et des pratiques, mais a la particularité de générer beaucoup d'informations qu'il faudra ensuite analyser.

Le brainstorming peut également prendre plusieurs formes et variantes comme celle d'utiliser des post-it, pour que chacun puisse participer. On représentera ensuite ces post-it sous forme de diagramme appelé également diagramme KJ (Wikipedia, 2015).

1.3 - Focus groupe

Le focus groupe a ici le rôle de couteau suisse. Il peut être utilisé de diverses façons en fonction de l'approche disciplinaire que nous aurons. Ainsi, il prend un sens totalement différent en fonction de son utilisation pour l'ergonomie, le marketing ou pour analyser des dynamiques de communication.

Le focus groupe permet de récupérer des éléments dans la spontanéité et permet également d'emmener les participants dans une escalade maïeutique qui n'est parfois pas possible dans les brainstormings.

Cela se fait beaucoup aujourd'hui dans le domaine de la construction de marques partagées, notamment dans les problématiques de marques territoriales.

1.4 - Test A/B

Le test A/B consiste à prendre, par exemple, un échantillon de 100 personnes et de donner une version à 50 d'entre elles et une autre version aux 50 autres. On analysera ensuite la version la plus performante, afin de valider ou de trancher une idée. Le test A/B est simple et rapide à mettre en place avec Google Analytics.

1.5 - Enquêtes

On pourra également réaliser des enquêtes qualifiantes ou quantifiantes, comme on le fait en sciences humaines. On pourra même trouver sur le site Internet MeasuringU (MeasuringU, 2015) des outils automatiques pour calculer la cote Z dans les études quantitatives.

1.6 - Entretiens individuels

Les entretiens sont très intéressants, car ils se trouvent à cheval entre l'enquête qualitative et le focus groupe. On trouve deux types d'entretiens : semi-directifs et libres. Là encore, il s'agira pour l'UX Designer de savoir doser entre liberté et directivité.

1.7 - Di It Yourself

Le DIY est une méthode très simple, puisqu'elle consiste à laisser l'utilisateur se débrouiller avec l'interface et à l'observer ou le filmer, afin de comprendre les difficultés ergonomiques auxquelles il va se retrouver confronté.

On trouve aussi d'autre techniques d'observation très surprenantes comme le *shadowing* qui consiste à suivre une personne dans son quotidien.

1.8 - Les tests en conditions réelles

Les tests en conditions réelles permettent de récupérer des informations précieuses. Ils peuvent intervenir à des moments clés. On pourra ainsi calculer un taux d'utilisabilité et valider le lancement ou non du projet. C'est évidemment très libre.

1.9 - Persona

Les personas ne mettent pas tout le monde d'accord. Jean sur son schéma les voit comme une méthode de mentalisation, même à l'issu d'entretien. En revanche dans *Design d'expérience utilisateur* (Daumal, 2015, p. 90), ils sont présentés comme des livrables, afin que l'organisation puisse les réutiliser :

« les personas ont une certaine pérennité pour une organisation donnée, car ils représentent d'une certaine façon son écosystème naturel [...] ».

Je partage la vision de Jean et ne suis pas d'accord avec cela. Une organisation, en tant que telle, n'a pas d'utilisateur direct. Ce sont ses produits et services qui vont rencontrer un public d'utilisateurs. Prenons un exemple pour illustrer cela : je crée un site Internet pour afficher les horaires de mes bus. Je m'adresse à l'utilisateur qui planifie ses voyages. Si en revanche, je fais une application mobile, je m'adresse à l'utilisateur qui ne planifie pas ses voyages. Je reste bien sur la même organisation, mais j'ai deux publics totalement différents qui se comportent de manière opposée.

1.10 - L'expérience de l'expérience

Pour finir cette liste de méthodes, je propose l'expérience de l'expérience. Si l'expérience donne sa définition de L'UX Design, il serait dommage de ne pas l'utiliser dans la pratique elle-même. On peut alors imaginer tout type de méthode pour récupérer l'avis des utilisateurs tant qu'on y ajoute de l'expérience utilisateur.

Par exemple, on peut imaginer donner un petit cours de dessin d'une heure, puis de se servir de cet apprentissage pour demander à l'utilisateur de dessiner l'image qu'il a de tel produit ou de son utilisation. On peut également faire cela dans une cuisine avec des épices pour décrire la perception d'une marque.

L'utilisation de l'expérience couplée à la multiplicité des façons de donner un sentiment, donne des perspectives très étendues à ce genre de métier. Selon moi, l'utilisateur se sent mis en valeur dans ce passage d'un modèle séquentiel à un modèle percolateur, mais la sur-sollicitation liée à une démocratisation de la pratique limitera forcément cet effet.

Il y a donc de nouveaux modèles à étudier et celui de l'échange et du partage d'expériences me parait le plus intéressant aujourd'hui. Un autre modèle, s'il en est, serait d'inclure la reconnaissance des marques via un réseau social. On pourrait imaginer avoir participé à la nouvelle interface de l'iPhone et que ce soit écrit sur notre profil Facebook ou Twitter.

Nous allons justement voir les dynamiques possibles pour motiver une équipe de testeurs bénévoles sous forme de communauté.

2 - Du testeur à l'ambassadeur

"Nous voulons de la vie au théâtre, et du théâtre dans la vie."
Jules Renard, écrivain

Si l'UX Design a fait de son point central cette innovation participative, la mise en application dépend alors de la population de tests que nous avons sous la main. Comme nous l'avons vu, en plus d'être représentative, la population doit être composée de non-utilisateurs. Cela complexifie considérablement la mise en place des projets UX Design.

On peut considérer la chose sous un autre angle, en se disant que de ce fait l'UX Design repose aussi sur la capacité à savoir mobiliser et engager des utilisateurs, des futurs utilisateurs ou des futur non-utilisateurs dans des tests.

Tout va dépendre également de la nature du projet et de sa capacité à toucher de petites ou de larges parties de la population. Si le projet s'adresse à tout le monde, il est plus facile d'aller chercher dans ses cercles d'amis ou dans la famille, avec le risque, une fois encore, d'introduire un biais, car votre famille aura tendance à être moins objective que des personnes anonymes.

D'après ce que l'on sait, la production de contenus par des communautés n'est pas linéaire et ce ne sont que certains individus qui produisent le plus « Sur les forums et groupes de discussions, 1 % des utilisateurs fournit 50 % des réponses, tandis que sur les réseaux peer-to-peer, 20 % des utilisateurs fournissent 98 % des fichiers (Adar et Huberman, 2001)[36] » (Beuscart, Dagiral, & Parasie, 2009). Cette production collective de contenus peut être comparée en terme d'engagement à une communauté de testeurs, car la communauté ne participera pas tout le temps à tous les tests. L'UX Designer doit alors savoir identifier les profils qui contribuent le plus et les récompenser ou les engager différemment. C'est ce que font déjà les forums avec le système de badge qui permet la reconnaissance sociale de l'utilisateur (Georges, Représentation de soi et identité numérique. Une approche sémiotique et quantitative de l'emprise culturelle du web 2.0, 2009).

La prise en compte d'un autre phénomène permet également d'accroitre la participation (Beuscart, Dagiral, & Parasie, 2009) :

« [...] on peut expliquer la contribution gratuite des internautes par le sentiment d'accomplissement associé au fait de contribuer à une œuvre collective, et par le plaisir lié à la reconnaissance reçue de la communauté pour sa participation. Plus encore, la participation à ces productions collectives gratuites est un moyen de développer, d'améliorer et de faire reconnaître des compétences, éventuellement valorisables sur un

---

[36] ADAR (E.), HUBERMAN (B.), 2000. « Free Riding on Gnutella », Firstmonday, 5/10. Disponible sur : http:// hpl. hp. com/ research/ idl/ papers/ gnutella/ gnutella. pdf

marché (Tirole et Lerner, 2002 ; Dalle et Jullien, 2003)[37] ».

Il y a donc une notion importante de lien entre le produit et le testeur. Le testeur doit avoir envie de reconnaissance de la part de la communauté, mais il doit également avoir envie de faire valoir ses compétences par sa participation au sein de cette communauté.

Pour synthétiser ce qui permet d'impliquer une personne et l'engager dans une population de tests, il y a quelques axes de développement pour le mobiliser. Le premier, qui n'est pourtant pas suffisant, c'est l'intérêt direct qu'il a pour lui, pour une autre personne ou un groupe social auquel il appartient. Cet intérêt passera par ses loisirs, passions, milieu professionnel, … Je pense que c'est déjà le point de départ.

Pour le cas du non-utilisateur, l'UX Designer devra user de ruse et proposer des programmes de tests complémentaires. Si je participe au test du shampoing, on me propose celui de l'aspirateur, même si ça ne m'intéresse pas. L'utilisateur devra y voir un intérêt qui renforcerait le premier test (une reconnaissance supplémentaire, une récompense numéraire ou virtuelle).

---

[37] TIROLE (J.), LERNER (J.), 2002. « Some Simple Economics of Open Source », Journal of Industrial Economics, 50/2, pp. 197-234.
DALLE (J.-M.), JULLIEN (N.), 2003. « Libre Software : Turning Fads into institutions ? », Research Policy, n°55, pp. 1-11.

L'intérêt que porte l'utilisateur est donc primordial, mais insuffisant pour qu'il passe à l'acte de participer aux tests. Pour qu'il le fasse, on peut lui propose une récompense financière, matérielle ou virtuelle ; par exemple, en lui disant :« si vous participez aux tests, nous vous offrons 50€ en bons d'achats ». On peut aussi lui offrir un an d'utilisation du service ou bien encore un accès VIP à vie.

L'accès VIP est intéressant, car il commence à laisser entrevoir le désir de reconnaissance qui sera en définitif le plus efficace, comme nous l'avons vu avec les travaux de recherche en sociologie. Il sera donc intéressant que l'utilisateur puisse percevoir une reconnaissance à son égard de la communauté ou une reconnaissance de ses compétences au sein de cette communauté.

Cela nous mène à un modèle très individuel qui devra permettre à l'utilisateur de se servir de ses compétences, ou d'en avoir juste le sentiment, pour qu'il puisse faire valoir ses savoir-faire aux yeux des autres membres.

La reconnaissance sociale devra également être importante, afin qu'il se sente valorisé en dehors du simple programme de tests. Nous devrons également réussir à identifier si l'utilisateur a un profil profane, expert ou leader. Il faudra ensuite calculer son taux de participation pour créer une dynamique.

Comme nous pouvons le constater, faire de l'UX Design qui ne comporte pas de biais, nécessite de mettre en place des programmes avec des stratégies spécifiques en lien avec l'interaction communautaire. Cela ne veut pas dire que faire de l'UX Design avec la famille et les amis du patron de l'entreprise soit une perte de temps. Je pense que même avec des biais, cette méthode reste plus efficace que de faire une hypothèse idéaliste et fantasmagorique des usages et du contenu d'un projet numérique.

Néanmoins, mobiliser une communauté de testeurs aura quand même un avantage non négligeable : celui de créer des ambassadeurs du projet, qui seront fiers de montrer leur collaboration au projet. Il parait idyllique d'avoir une cinquantaine ou une centaine de fans avant de lancer un produit, car ces fans vont, en plus, revendiquer cette appartenance à votre projet ou votre marque. Cela laisse encore des perspectives à l'UX Design.

3 - Le facteur social

"J'admire comme on peut mentir en mettant la raison de son côté." Jean-Paul Sartre, philosophe

Nous avons vu le rôle central qu'occupe l'utilisateur du début à la fin du projet et même après avec l'ambassadeur. L'utilisateur et le testeur commencent à avoir un rôle central dans les modèles économiques, comme nous l'avons vu également (Brousseau & Penard, 2007). Ce phénomène d'incubation crée aussi une cobayisation systématique des projets numériques à travers l'UX Design.

Finalement, le curseur de concentration sur l'utilisateur peut parfois aller plus loin que prévu et nous sommes assez loin de la vision idéaliste de Céline (Bichope, 2015), lorsqu'elle dit : « On est dans une vrai démarche qui n'a rien à voir avec la manipulation, c'est pile l'inverse. ».

Je pense que la vision humaniste de Stéphanie : « De se dire « ce que je fais là, va vraiment rendre service à des gens, ils vont vraiment l'apprécier ». Moi, c'est ça qui me motive au quotidien. ». Moi c'est ça qui me motive au quotidien. », aussi authentique et sincère soit elle, sa vision n'est pas aussi idéale que ce que l'on pourrait penser.

La prise d'importance de l'incubation des usages et du facteur humain, dans la réalisation de projets numériques, est une merveilleuse avancée qui permet d'ouvrir les métiers de la communication à une forme de gouvernance. Nous allons réfléchir à cette ouverture. Nous verrons ensuite ce que j'appelle le phénomène de cobayisation numérique, et puis nous terminerons sur les dérives du démocratisme lewinien en entreprise et les possibles transpositions dans la gouvernance des projets numériques.

3.1 - Vers une gouvernance de la communication

Nous l'avons vu, l'humain résiste toujours et finit par imposer sa vision, que ce soit en entreprise (Bernoux, 2004), à l'autorité (Bourdieu, 1982) ou dans les outils numériques (Bonu, et al., 2011). Alors pourquoi ne pas l'inclure dans les réflexions ? Cette inclusion a bien été faite dans les entreprises, mais peine encore à s'imposer dans les projets numériques.

De plus cette étape est engageante pour le futur utilisateur et lui permet de participer à une expérience qui serait favorable à l'appropriation par l'utilisateur de la marque. C'est en tout cas, ce qu'ont découvert Olivier Brunel, Céline Gallen, Dominique Roux à travers l'analyse d'un produit alimentaire (Brunel, Gallen, & Roux, 2009). On y retrouve cependant cette dimension praxéologique et l'approche récursive qui se situe dans le processus de création de projets numériques avec l'UX Design.

Ce sera aussi très intéressant pour le professionnel de la communication, qui pourra mettre à jour ses connaissances de façon empirique. A partir du terrain et des utilisateurs, il guidera ses recherches et élaborera de nouvelles stratégies qui seront plus en lien avec les utilisateurs. Jean (Yassol, 2015) en parle de la façon suivante : « […] ceux qui sont réellement dans la communication et qui vont faire des plans de com ; en général, y'a aucun problème pour travailler avec eux dans le sens où on n'empiète pas trop sur leur domaine, donc ça va et ils sont même preneurs de tout ce qu'on peut leur dire sur les utilisateurs […] ».

Ce rapport avec le terrain peut être une source de connaissances et permet d'actualiser des pratiques professionnelles. Ce contact est également passionnant et fait appel à de nouvelles pratiques. L'UX Design va donc dans ce sens et propose d'intégrer l'utilisateur. On peut alors parler d'une forme de gouvernance de la communication à travers l'UX Design et l'incubation des usages.

Cette gouvernance se retrouve en entreprise également et résulte aussi du constat empirique de l'efficacité. Les entreprises ont abandonné progressivement les approches totalitaires et tayloriennes de direction, pour laisser place à des systèmes de gouvernance constatant que finalement les employés faisaient ce qu'il voulaient et que le démocratisme lewinien[38] était plus efficace (Bernoux, 2004).

On peut également se poser la question de savoir si ce phénomène d'efficacité dans les stratégies de communication,

---

[38] Nous reviendrons au démocratisme léwinien dans le paragraphe suivant.

qui ne font pas appel à l'incubation, pourrait pousser à changer les pratiques professionnelles. Jean (Yassol, 2015) le décrit ici :

> « […] il n'y pas nécessairement besoin de démontrer des choses … le client est déjà conscient qu'il y a un problème, même s'il n'arrive pas à situer où il se trouve ce problème … si c'était ça le sens de votre question … ce que va demander un client, c'est un audit pour savoir et pour effectivement qu'un expert lui dise : « le problème est là, là, ou là … » […] ».

Ses clients découvrent un problème d'efficacité et font appel à un spécialiste de l'UX Design pour trouver des axes d'amélioration. C'est ce constat de l'inefficacité qui permet d'enclencher une méthode plus centrée sur l'utilisateur. Peut-être assistons-nous à l'évolution de la pratique professionnelle. Il est toujours compliqué de distinguer l'obsolescence d'une pratique professionnelle, mais la gouvernance de la communication, ou la communication participative semble être une avancée passionnante pour le communicant.

3.2 - Phénomène de cobayisation

Quand j'ai commencé à analyser l'UX Design, de façon simple, j'ai tout de suite pensé aux cobayes en laboratoire. Facebook, Airbnb, … toutes ces startups qui réussissent sont de véritables laboratoires humains où tout est expérimentation sur les clients. Facebook, par exemple, teste en permanence ses concepts, même les plus fous, directement sur les utilisateurs comme par exemple « le kit anti-suicide », article paru dans le journal libération (Santucci, 2015). Les exemples sont nombreux, comme ici encore : Facebook manipule les émotions de 600 000 utilisateurs pour un test (La revue du digital, 2014).

Pour Facebook, nous sommes des utilisateurs cobayes qui permettent de faire de la recherche en sciences sociales. Il suffit de reprendre la structure de l'équipe UX Design pour s'en apercevoir. La majorité sont des docteurs en psychologie ou en sociologie. L'UX Design a donc une approche expérimentale qui permet d'améliorer continuellement tous les processus qui participent à l'expérience de l'utilisateur.

Ce phénomène de cobayisation des projets numériques permettra très certainement une amélioration continue des procédés. Nous l'avons vu également que l'UX Design se veut avoir une approche scientifique. Cependant cette généralisation de la vision de l'utilisateur cobaye risque de présenter quelques dérives et quelques risques. Une discipline qui prétend tenir compte de l'humain, s'éloigne du côté humaniste. Les conséquences de telles expériences ne sont pas forcément sans conséquences. Si on prend l'exemple de l'article de *la revue du digitale* (La revue du digital, 2014)qui dit :

> « On découvre pour l'occasion que Facebook a le droit de réaliser de telles expérimentations, selon leurs conditions générales d'utilisation. Nous sommes des

objets de test pour la firme californienne. Facebook peut donc nous rendre heureux ou triste à son gré. [...] Ceci dit, l'étude – côté scientifique – montre des résultats étonnants. Ainsi elle révèle que l'usage des mots simplement contribue à rendre triste ou gai, et qu'il n'est pas nécessaire de passer par des interactions non verbales pour diffuser un état émotionnel, un réseau social suffit. La recherche a été menée par le Data Scientist Adam Kramer, travaillant pour Facebook. ».

Facebook a donc prévu dans les conditions générales ce type de tests, mais n'hésite pas non plus à les mettre en pratique. On ne peut connaître avec précision le nombre d'entreprises et le type d'expériences qui sont mises en place.

On sait pertinemment que ce type de pratiques ne sont pas apparues avec l'UX Design et que de tout temps l'humain a toujours utilisé l'expérimentation, pour enrichir ses connaissances. En revanche, ce phénomène se démocratise avec l'émergence de l'UX Design dans les pratiques de communication numérique.

Quand Jean (Yassol, 2015) dit :« [...] quand on leur dit : « c'est bien de savoir ce que les utilisateurs disent, mais c'est mieux de regarder ce qu'ils font réellement » parce qu'ils ne font pas toujours ce qu'ils disent [...] », il parle de ce phénomène de cobayisation qui consiste à observer et expérimenter directement sur l'utilisateur. Il n'existe aujourd'hui aucune loi qui règlemente ces tests. Il suffit d'indiquer dans vos conditions générales de vente ou d'utilisation, que vous le faites, comme c'est le cas pour Facebook. L'utilisation étant dématérialisée, une loi serait de toute façon facile à contourner.

Sur son blog, Jean met des modèles de lettre pour la réalisation de tests utilisateurs (Yharrassarri, Accord de participation pour des tests utilisateurs, 2013), mais il s'agit de tests physiques et cela ne concerne pas les tests à distance. Les tests en ligne ne sont pas mentionnés et la moindre des choses serait d'avoir l'accord des utilisateurs.

Enfin, il y a la chercheuse Zeynep Tufekci qui a écrit une lettre ouverte dans le New York Times (Tufekci, 2015) à Marc Zuckerberg, patron de Facebook, afin qu'elle lui paye les 20 cents / mois qu'elle estime lui devoir, pour ne pas servir de cobaye.

Il est très important de faire la différence entre cobayisation et humanité numérique. Les humanités numériques représentent une nouvelle façon de faire de la recherche avec des corpus issus du big data, de la numérisation, des usages, ... On utilise ces données pour faire avancer l'Humanité et l'état des connaissances. La cobayisation y ressemble à s'y méprendre ! La différence est que son objectif est de faire évoluer le niveau d'utilisation ou de consommation d'une firme et *in fine* satisfaire ses actionnaires. Cette frontière entre satisfaction des actionnaires et état des connaissances devient de plus en plus poreuse car rien n'empêche une firme ou une entreprise de publier ses recherches. Se pose alors la question antinomique de la recherche dans les firmes car publier ses innovations peut parfois aller à l'encontre des objectifs de compétitivité. De plus, ces recherches peuvent contribuer à l'enrichissement des connaissances humaines tout en contribuant à l'enrichissement financier de l'entreprise. Je pense que tout est une question d'équilibre et de partage des connaissances acquises par l'entreprise.

3.3 - Les dérives du démocratisme lewinien

Kurt Lewin a mis en évidence l'effet de gel et les normes de groupes, ce qui a permis de théoriser le fait que les décisions de groupe permettaient une adoption facile au changement (Joule & Beauvois, Petit traité de manipulation à l'usage des honnêtes gens, 2014). Ce concept très intéressant met en évidence, qu'une personne qui participe au processus de décision, va forcément moins résister aux changements qui ont trait à cette décision.

Cette inclusion des participants aux décisions, qui est le principe de la gouvernance, permet donc une adoption plus rapide. On voit donc l'intérêt d'inclure l'incubation des usages et d'avoir une stratégie de gouvernance pour que les testeurs deviennent des futurs ambassadeurs du produit ou service.

Le démocratisme lewinien a cependant été détourné, puisque le fonctionnement de celui ci, repose sur le fait qu'une personne pense avoir pris une décision. Dans les faits, ce n'est pas toujours le cas. Le psychologue Norman Maier détournera cette théorie pour créer un outil de manipulation dans les entreprises (Joule & Beauvois, Petit traité de manipulation à l'usage des honnêtes gens, 2014, p. 236). Le concept est simple, Maier part du principe qu'il y a deux types de décisions : celles qui ont un poids social et celle qui contribuent à l'efficience de l'organisation. Celles qui ont peu d'impact social et peu d'impact sur l'efficience de la société, comme la couleur de la moquette, appartiennent à 100% au groupe dans l'entreprise. Celles qui ont un lourd poids social et qui n'impactent pas, voire peu, la société, seront aussi gérées par le groupe. Vient alors la question de l'impact sur l'efficience organisationnelle. Si la décision n'a pas de poids social, c'est l'entreprise qui prend la décision. En revanche reste la question épineuse des décisions qui impactent à la fois la société et les salariés (efficience et sociale).

C'est là que le « véritable animateur » entre en jeu, selon Maier. Il s'agit de la personne qui gère la discussion du groupe et qui va l'orienter de telle façon que les salariés auront eu l'impression de prendre la décision. S'ouvre alors tout un champ sur la manipulation du groupe qui permet de lui faire penser ou de le faire venir à penser qu'une décision est la meilleure. En guise de résumé de la théorie de Maier, je propose le schéma suivant :

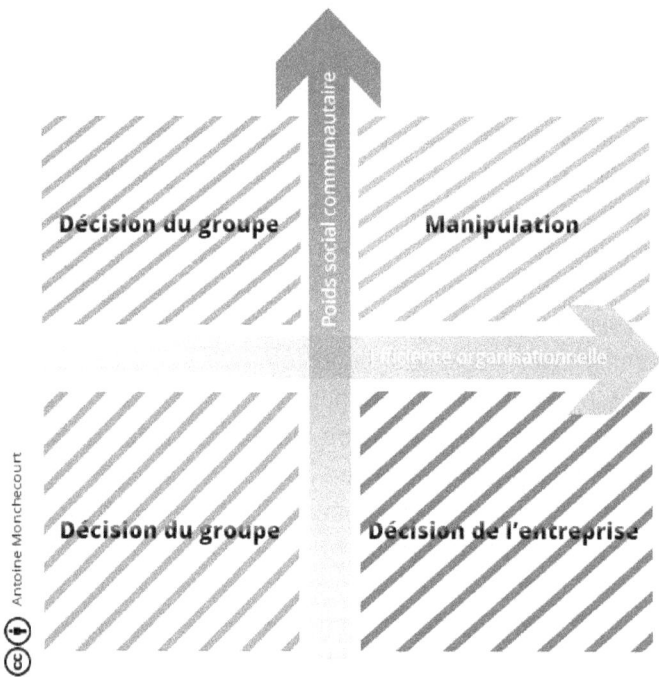

Figure 5 - Théorie de Maier, dérive du démocratisme lewinien

Ce type de théories, utilisées en entreprise et aussi sournoises soit elles, permettent de manipuler simplement et facilement les groupes, afin d'obtenir ce que l'on souhaite. C'est le bénéfice du démocratisme lewinien qui élimine le risque de devoir prendre une décision périlleuse. Cet exemple illustre le fait qu'il ne faut jamais penser que les systèmes constructivistes sont des espaces de liberté absolue. Selon le même principe, un groupe d'utilisateurs pourraient être manipulés, parfois même inconsciemment, par la personne qui sonde ou interroge.

Il faut donc être très vigilant pour ne pas introduire de biais ou sa vision personnelle, au risque de perdre tout avantage de l'incubation des usages. Les entreprises malhonnêtes pourront aussi trouver leur compte à consulter leurs utilisateurs, sans que ces utilisateurs aient un réel pouvoir décisionnaire.

Comme nous l'avons vu, l'UX Design démocratise les usages de la communauté et semble déplacer les problématiques de communication vers une gouvernance de celle-ci. Cette gouvernance est une opportunité pour les utilisateurs, ainsi que pour les professionnels qui dépasseront le simple champ de leurs connaissances et pourront partir à la rencontre des utilisateurs.

Ce rapprochement avec un système gouvernance de la communication comporte toutefois des effets collatéraux : le premier est qu'une trop forte concentration sur l'utilisateur engendre un effet massif de cobayisation de l'utilisateur. C'est ce que Facebook fait aujourd'hui, en utilisant son service comme un champ d'expérimentation géant et international.

Un autre risque sera celui des dérives possibles des modèles prétendus socioconstructivistes qui n'en ont que le nom et sont des systèmes de manipulation déguisée. Ces systèmes profiteraient de l'implication des utilisateurs pour les engager dans le service et ainsi utiliser abusivement leur implication.

Comme chaque système, le processus social de création comporte des dérives possibles. Je n'en ai pas fait de liste exhaustive, car ce travail est titanesque et en constante évolution. Ce sont les deux principales préoccupations que je vois à travers l'UX Design.

Conclusion

L'UX Design est un processus socioconstructiviste de création d'outils numériques, basé sur la consultation d'utilisateurs, de futurs utilisateurs et de non-utilisateurs. Ce processus d'incubation comporte 3 phases : idéation, production et validation. Durant ces trois phases, les attentes ne seront pas les mêmes et on adaptera la population de tests en fonction de la phase. Trois dimensions seront alors primordiales : la population, l'incubateur et l'instanciation du projet.

La capacité de l'UX Designer à réaliser un véritable travail de conception participative résidera dans la maitrise de ces trois dimensions. L'incubateur va avoir le rôle fonctionnel d'extraire le contenu et l'essence même de la production commune. Véritable composante du modèle économique, l'ouverture à l'intelligence collective est une opportunité pour une organisation qui souhaite prospérer et créer des services ou produits qui soient utiles et pertinents, selon les attentes et usages des utilisateurs.

En phase d'idéation, on retrouvera l'utilisation des brainstorming, focus groupe et diverses méthodes qui permettent une approche maïeutique de l'innovation. A cette étape, on favorisera l'avis d'utilisateurs profanes, afin de récupérer des usages et non des solutions aux problématiques possibles.

Le travail de l'UX Designer passera à l'approche production qui comportera un certain nombre de tests comme le DIY. Cette fois, ce n'est plus de l'interrogation ou de la consultation d'utilisateurs ou non-utilisateurs mais de l'observation d'actions des utilisateurs. L'incubateur se transforme en terrain d'analyse des utilisateurs, dans une optique de conception et d'amélioration.

Puis vient l'étape de validation, avec de nombreux tests qui viendront finir de confirmer les hypothèses et donner des axes d'améliorations. Cet aspect terrain d'étude peut parfois ne jamais s'arrêter et l'incubation reste permanente. C'est le cas du site Internet Facebook par exemple qui est un incubateur mondial qui utilise ses utilisateurs, pour réaliser des expériences scientifiques dans de nombreux domaines : j'appelle cela la cobayisation.

La cobayisation est une véritable opportunité pour la recherche scientifique, car cela représente un terrain d'analyse très favorable. Il permettrait même, à certains niveaux, de générer plus d'interconnexions entre monde scientifique et monde économique. Cependant, la généralisation de la cobayisation représente un risque certain, car il ne dispose d'aucun mécanisme de protection des utilisateurs.

On peut alors se poser la question de l'impact qu'aurait une expérience sur le stress, sur des personnes à risque qui sont déjà stressées dans leur vie quotidienne. On peut aussi soulever la question du respect de la vie privée pour sélectionner les cobayes, ainsi que toutes les dérives possibles et imaginables.

L'avenir semble propice à l'UX Design, qui a été largement adopté chez les professionnels aux USA et nous pouvons soupçonner le même avenir en France, même si rien ne peut le garantir ; nous verrons dans la partie suivante que son usage comporte déjà des points très marqués de divergence, liés à l'approche culturelle des métiers de la communication. Une démocratisation de l'UX Design s'accompagnera de l'adoption du phénomène de cobayisation, ce qui représentera un risque pour les utilisateurs démunis de protection législative. On peut alors imaginer une réglementation sur les tests utilisateurs. Cette réglementation devrait envisager des autorisations et l'obligation de publier les recherches scientifiques, afin d'identifier ces travaux qui ne le sont pas tous.

Même si la CNIL protège les données personnelles, ces expériences peuvent tout à fait être faites sans récupérer de données nominatives et c'est d'ailleurs la pratique la plus courante. Une réglementation pourrait être de surcroît tout à fait contournée, car il suffirait d'installer ces équipements informatiques dans un pays qui n'y est pas soumis pour la contourner. C'est ce qui s'est passé avec les casinos en ligne.

On ne peut qu'espérer que les géants du numérique abandonnent ces pratiques cachées aux utilisateurs et mettent en place une charte qui s'engage dans des règles afin de ne pas tomber dans la cobayisation systématique des utilisateurs.

Une pratique qui permet toutefois de ne pas payer les coûts à un service, mais devons nous accepter de devenir des cobayes pour utiliser des services gratuits ?

La démocratisation de la pratique de l'UX Design et donc de l'incubation des usages permet d'avancer vers une gouvernance de la communication. Intégrer le principe de consultation des utilisateurs, futurs utilisateurs et, si possible, non-utilisateurs permet de concevoir des projets numériques plus humains et plus précis dans les attentes et les usages. Ce principe de gouvernance rend la communication enrichissante pour le communicant qui profitera de surcroît de l'effet d'engagement que procurera cette participation aux utilisateurs qui deviendront peut-être les premiers ambassadeurs du service ou du produit.

Toutefois, il faudra être assez vigilant pour ne pas introduire de biais ou pour empêcher qu'on se serve du démocratisme lewinien pour engager de façon fallacieuse des utilisateurs qui n'ont que l'illusion du pouvoir de leur intervention. Nous allons le voir dans la partie suivante, l'engagement est l'outil de psychologie sociale qui permet d'obtenir la récurrence dans les pratiques des utilisateurs et donc d'avoir un service qui fonctionne dans l'interaction.

Partie 3 - Une approche expérientielle et psychologique des pratiques de communication

Dans cette partie, nous arrivons au cœur de la réflexion sur l'UX Design, puisque nous arrivons à la partie conceptuelle de cette pratique, qui est l'expérience et l'engagement ; de ce fait de la psychologie. Une science confuse, très mal perçue par les professionnels et qui est sujette à polémique. A travers les différents entretiens, j'ai souvent senti que le concept d'expérience utilisateur induisait le concept de se centrer sur l'utilisateur, sans les dissocier.

L'UX Design semble inclure de fait la pratique de l'User-Centred Design (Wikipedia, 2015) : « La démarche de conception centrée sur l'utilisateur repose sur l'idée que *les utilisateurs finaux sont les mieux placés pour évaluer et utiliser le produit*. De ce fait, le développement d'un produit est a priori davantage guidé par les besoins et exigences des utilisateurs finaux, plutôt que par des possibilités techniques ou technologiques. » c'est moi qui le souligne. C'est même de là qu'elle tire toutes les règles ISO et la méthodologie des projets.

J'attire donc l'attention sur le fait que la partie que nous avons traité précédemment, appartient bien à la pratique de l'UX Design, mais par induction logique. Initialement, il s'agit bien de deux pratiques différentes et dissociables de façon asynchrone. C'est à dire que l'User-Centred Design n'est pas forcément de l'UX Design, mais en revanche l'UX Design semble systématiquement se baser sur cette pratique.

Dans le livre *Design d'expérience utilisateur* (Daumal, 2015, pp. 1-2), l'auteur précise cela de la façon suivante : « En raison, sans doute, de sa grande jeunesse, la pratique est assez diversement comprise dans le monde professionnel en France […] ». En effet, l'auteur commence par définir l'UX Design par « design d'expérience utilisateur » sur la première page. Ce qui est bien la définition, mais à la page suivante, on enchaine immédiatement sur le « design centré sur l'utilisateur » qui renvoie même à la définition de Wikipédia[39]. Cela montre clairement que la pratique de l'User-Centred Design est considérée comme fusionnelle et intégrée dans la pratique de l'UX Design.

C'est ce que Jacques (Domoll, 2015) dit très clairement :

> « […] bah, l'UX regroupe beaucoup de choses en fait … on l'a longtemps circonscrit au domaine ergonomique, mais c'est réducteur, c'est plutôt une démarche user centric, c'est à dire, voir comment on conçoit un service, en étant centré sur les usages et les points de « blocages » utilisateurs […] ».

Il est important à cette étape de préciser cela, pour différencier l'approche théorique de l'UX Design, de l'approche tactique et

---

[39] La même que nous venons de citer juste au -dessus.

opérationnelle. Nous avons jusqu'ici abordé les méthodes et les procédés de réalisation d'un projet UX Design, l'objectif étant de séparer les pratiques et de les isoler pour bien identifier les pratiques professionnelles. Même si nous avons abordé l'approche praxéologique de l'UX Design avec l'approche tournée vers l'action et non vers l'information, nous sommes encore loin de l'aspect théorique de l'UX Design.

Nous partons donc du terrain et des pratiques de l'UX Design pour dégager ici l'aspect théorique à travers deux éléments qui semblent justifier la pratique de l'UX Design. Le premier est l'approche expérientielle du numérique. Elle semble répondre à un contexte économique et culturel et aussi à une réelle demande des utilisateurs comme le démontre l'expérience de Carter et Gilovich (Carter & Gilovich, 2012). L'expérience introduit un concept d'interactivité qui transforme les projets numériques en véritables lieux d'échanges entre utilisateurs ou entre l'utilisateur et l'interface. L'omniprésence de l'action crée une dynamique d'engagement. On passe quelque part du projet numérique shanonnien, qui contient une information statique (émetteur), à un visiteur (récepteur) qui n'a donc qu'un but informatif, à un véritable ensemble d'interactions (Winkin, Anthropologie de la communication, 1996).

Le deuxième élément est la résultante de l'expérience. L'expérience utilisateur crée une interaction entre l'utilisateur et l'interface, ce qui nous amène à l'utilisation de la psychologie dans la pratique de l'UX Design. Pour créer une expérience cognitive intéressante, on utilise des théories de la psychologie. Cette pratique permet de s'assurer que rien ne vient perturber le bon déroulement de l'expérience. Il s'agit d'optimiser l'interface pour faciliter l'expérience, mais aussi de tenir compte de ce qui se passe chez l'utilisateur. Dans une deuxième approche, l'expérience n'est pas toujours suffisante et la fidélité de l'utilisateur est recherchée. C'est à ce moment là qu'on va le solliciter, pour qu'il revienne et que l'on va utiliser des stratégies pour l'inciter à effectuer une action dans une interface.

Aux USA, l'utilisation de la psychologie dans la communication ne choque personne. C'est une pratique professionnelle largement acceptée dans les mœurs. En France par contre, la psychologie est une science qui n'est pas bien comprise par les acteurs professionnels de l'UX Design. Certaines pratiques sont jugées négativement ou simplement issues de théories qui n'ont plus rien de scientifiques. Parfois même, elles sont cachées et euphémisées à travers des discours contradictoires.

Cette pratique de la psychologie et notamment de la psychologie sociale, qui comporte des travaux sur l'engagement avec la soumission librement consentie, mène forcement à la question d'éthique. Ce sont les pratiques professionnelles qui détermineront cette éthique, puisque les acteurs sont les professionnels. Nous l'avons vu avec la cobayisation et l'approche de Facebook qui semble répondre partiellement à la question. Nous allons maintenant découvrir la partie expérientielle et psychologique de l'UX Design, et puis nous traiterons la question de l'éthique et des pratiques.

1 - L'approche expérientielle

"Une expérience bien faite est toujours positive." Léon Daudet, écrivain.

Dans cette partie, nous allons aborder l'expérience utilisateur. Ceci n'est pas anodin, puisque nous sommes sur la réflexion de fond de l'UX Design, puisqu'il s'agit du nom de cette pratique. Quand j'ai commencé mes recherches sur l'expérientielle, je ne me doutais pas de ce que j'allais trouver comme réponse, ni vers quelle discipline j'allais m'orienter. C'est le domaine du marketing et les sciences de la gestion qui traitent de l'approche expérientielle. On parle de marketing expérientiel, une pratique bien connue des experts en marketing, partiellement connue par les communicants dans un domaine qui s'appelle l'événementiel.

Le marketing expérientiel, selon sa définition (Wikipedia, 2015), est un procédé de théâtralisation d'un point de vente « Le marketing expérientiel cherche à créer un univers en sollicitant les cinq sens du consommateur, le but étant de lui faire vivre une véritable expérience. L'expérientiel est une différenciation à travers un contexte dit expérientiel qui se veut unique, c'est-à-dire une relation hyper personnalisée et singulière. ».

Nous allons voir en quoi cela consiste et sur quelles théories et quels paradigmes il repose. Ce paradigme du marketing expérientiel a vu le jour en 1982 à travers un article de M. B.

Holbrook et E. C. Hirschman, puis sera utilisé 20 ans plus tard (Carù & Cova, Expériences de consommation et marketing expérientiel. , 2006). Nous pouvons donc écarter d'emblée la théorie selon laquelle l'UX Design serait à l'origine d'une quelconque conception de ce principe. Il n'est cependant pas impossible qu'il y ait un rôle d'interdépendance. En réalité, l'UX Design s'appuie sur ce concept théorique pour créer une expérience utilisateur dans le domaine du numérique et nous le verrons, ce terrain est très vaste et pluridisciplinaire. En effet, il passe par la sociologie, la psychologie et donc aussi la gestion. Les chercheurs se sont très rapidement intéressés à l'expérience utilisateur sur les espaces virtuels.

Nous allons donc étudier l'approche expérientielle dans un contexte économique et faire un état des lieux de la situation des entreprises et des perspectives qui leur sont données. Cela permettra de comprendre comment l'UX Design s'intègre non pas comme une pratique professionnelle, mais dans un environnement économique. Il convient cependant de procéder à un ajustement dès maintenant. L'UX Design peut être utilisé dans le cadre d'une stratégie de marketing expérientiel ou simplement être la stratégie expérientielle d'une organisation. Cela va dépendre de son activité et de la pertinence de l'utilisation de l'outil Internet dans sa communication. Nous verrons également comment les entreprises ont utilisé – et utilisent toujours – l'expérience dans leurs pratiques, afin de mettre en exergue l'étendue de cette théorie et le courant de pensée de notre société, sur lequel elle s'appuie.

Enfin nous prendrons deux exemples concrets pour donner un caractère concret à cette approche expérientielle, avec l'application mobile Tinder et le concept Airbnb. Nous verrons pourquoi le marketing expérientiel a un bel avenir devant lui et surtout jusqu'où la théorie de Holbrook et Hirschman a pu être déclinée sur les outils numériques. Comme le dit la citation de Léon Daudet, "Une expérience bien faite est toujours positive.". Disparu en 1942, il n'aurait jamais pensé que sa citation prendrait tout son sens quelques années plus tard. En effet, comment se douter que l'expérience serait utilisée pour créer les nouvelles théories du marketing.

1.1 - L'expérience utilisateur

Nous avons donné en introduction les bases de la pratique du marketing expérientiel dans l'UX Design. Comme le dit Jean (Yassol, 2015) « on définit toujours une tâche à effectuer pour un utilisateur dans un contexte donné ». Ce contexte dont il parle, c'est précisément l'expérience qui est introduite. C'est un univers virtuel créé pour optimiser l'expérience utilisateur et emmener l'utilisateur dans une expérience qu'on essayera de rendre unique et extraordinaire.

Jacques (Domoll, 2015) décrit l'expérience à travers la pratique de l'UX Design de la façon suivante :

> « [...] l'interactivité, et en plus les réseaux sociaux changent complètement la donne dans la manière de

concevoir un service et la manière dont il faut communiquer. Vous ne pouvez pas aujourd'hui faire une expérience utilisateur sur un site e-Commerce, si vous avez un produit bien positionné et que l'utilisateur est rassuré, que vous l'avez en stock et qu'il peut le retourner et l'échanger gratuitement [...] ».

Selon lui, c'est l'interactivité, jointe aux réseaux sociaux, qui a modifié la manière de concevoir un service et les pratiques de communication. Nous l'avons évoqué et nous y reviendrons en détail : l'interactivité fait partie de l'expérience et est même une composante très importante.

Toujours selon Jacques : « [...] on conçoit un service, en étant centré sur les usages et les points de « blocages » utilisateurs ; ce qui va pouvoir lever ses blocages et favoriser les émotions positives, mais pas pour les trafiquer, juste en étant d'accord avec ce qu'il attend ce n'est pas travestir la vérité. ». Pour lui, l'expérience utilisateur est purement un moyen de générer des émotions positives sans forcément les « trafiquer ». Dans cet exemple, l'expérience utilisateur s'apparente à un facilitateur qui ferait presque passer cette pratique pour un outil d'aide à la navigation.

Jacques définit maintenant ce qu'est pour lui l'expérience utilisateur : « Mais sur de l'UX, on ne différencie pas les expériences, que ce soit la proposition commerciale, le parcours client, l'ergonomie des pages, la qualité du contenu ou l'aspect design. ». Il met en avant le fait que l'expérience reprend une place centrale à travers différents aspects du projet. Jacques parle ici d'éléments intéressants comme le design ou la qualité du contenu. Nous remarquerons qu'il fait une différence entre design, parcours client et ergonomie.

Céline (Bichope, 2015) définit l'expérience utilisateur d'un autre point de vu :

> « Tu vois, par rapport à ce qu'il dit, on génère des émotions avec des interfaces, c'est à dire que si ton interface est hyper galère, que tu essayes d'appuyer sur un bouton avec ton téléphone mobile et que ça ne marche pas, ça va engendrer une frustration, tu vas t'énerver, tu vas changer d'outils, bien voila quoi, … donc ça dessert le site et puis ça dessert l'utilisateur, alors que si on lui propose un parcours qui lui permet d'aller jusqu'à son information et bien il est content [...] ».

Elle définit l'expérience de façon manichéenne : soit positive, soit négative. Selon elle, c'est l'ergonomie qui génère une émotion qui permet au visiteur d'aller jusqu'à l'information. Sa perception de l'expérience est donc de ne pas générer de « frustration », afin de permettre au visiteur de naviguer, voire même d'être content.

Elle dit une chose très intéressante qui n'est pas forcément toujours intégrée dans la dimension expérientielle « C'est non seulement prendre en compte ce que peut créer comme émotion une interface, mais aussi prendre en compte l'émotion avec laquelle arrive l'utilisateur ». Tenir compte de l'émotion qui est déjà présente au niveau de l'utilisateur, est très important, voire indispensable. Cela veut dire qu'elle sous-entend que ce que vit l'utilisateur, prime sur la capacité qu'aurait son projet numérique à le capter et à lui véhiculer une humeur positive.

Stéphanie (Langer, 2015) parle, elle, du « substantif des gens » :

> « Quand on rencontre des gens du marketing, de la psychologie, on se dit qu'on peut, peut-être, pousser un peu plus loin ... et on va aller un peu taper dans l'affect, dans le sentiment et dans le substantif des gens, mais là pour moi on arrive sur quelque chose où il y a une frontière et où justement on peut se mettre au service du côté obscur de la force ou alors rester intègre et se dire :« oui, on va parler à l'affect », mais déjà, moi dans mon boulot, je commence par me dire : « qui sont mes utilisateurs ? » et j'essaye de m'adresser à tous mes utilisateurs, donc je ne sais pas si tous les gens ont tous le même affect, mais je ne suis pas sûre, car ça me paraît compliqué ... ».

Stéphanie a bien conscience que l'idée est de s'adresser à une partie des gens qui n'est pas totalement dans l'objectif. Elle s'impose une véritable frontière par rapport à cela. Quand elle se pose la question de savoir si nous avons tous le même affect, on voit clairement qu'elle ne connaît pas le marketing expérientiel. Ce qu'elle appelle l'affect, pour côté affectif, représente pour elle une pratique. Il faut le comprendre comme une communication subjective et manipulatoire. Dans cette partie, je lui posais la question de savoir si elle accepterait de travailler pour un fabricant de cigarettes. Et cette façon de me répondre, montre bien qu'elle a conscience de manipuler des concepts de communication manipulatoires, mais qu'elle ne les maîtrise pas. Quand elle dit « *moi dans mon boulot*, je commence par *me dire « qui sont mes utilisateurs » et j'essaye de m'adresser à tous* mes utilisateurs », elle essaye de différentier ses propres pratiques de celles qu'elle expliquait juste avant, à savoir « taper dans l'affect » des gens. Elle relègue cette partie manipulatoire aux psychologues et personnes du marketing.

Stéphanie nous parle également de l'expérience utilisateur d'Apple :

> « L'expérience utilisateur d'un téléphone commence quand il fait sa commande d'iphone sur Internet par exemple. Apple va tout penser, de là jusqu'à la réception chez soi et quand ils vont télécharger des applications. Ils vont avoir une vision un peu moins centrée sur le fond et plus sur l'usage, dans le sens très large et là en effet, il y aura une composante manipulation, même si je n'aime pas ce terme très connoté. ».

Stéphanie reconnaît que toute la mise en scène opérée par Apple pour théâtraliser la vente de téléphone est manipulatoire. C'est cette conscience de la manipulation, sans savoir la désigner précisément, qui est intéressante. Car ce n'est pas la théâtralisation en elle même, ni le fait de tout penser du packaging à la livraison qui en fait une pratique manipulatoire. Stéphanie admet donc que cette pratique est manipulatoire, sans forcément la désigner précisément.

Stéphanie précise également :

> « [...] on réfléchit à l'UX au sens plus fin, avec les couleurs les plus appâtantes pour les gens mais avec un bon contraste en terme d'ergonomie. On peut choisir la couleur préférée des français, mais il faut qu'elle passe le contrôle de contraste en termes ergonomiques. ».

Elle analyse encore l'UX Design avec son expérience et son approche du métier. Elle explique ici que l'expérience utilisateur va lui imposer une couleur attirante, mais qu'elle va devoir donner son avis en termes ergonomiques. Cela confirme une fois de plus l'importance de l'ergonomie dans les interfaces et également sa priorité sur l'aspect esthétique.

Essayons maintenant de faire une synthèse des témoignages recueillis dans les entretiens avec les professionnels de l'UX Design. Selon eux, l'expérience utilisateur serait donc :

- Un contexte dans lequel un utilisateur pourrait y réaliser des actions, soit un espace d'interactions.

- Une expérience qui viendrait transformer la proposition commerciale, le parcours client, l'ergonomie, la qualité du contenu et l'aspect design.
- Un générateur d'humeurs positives qui fera office de facilitateur à la vente. Un moyen d'éviter la frustration et favoriser le positivisme.
- Une prise en compte également de l'état psychologique dans lequel l'utilisateur se trouve au moment où il utilise le support numérique.
- Aller à la rencontre de l'affect de certaines personnes, mais tout en gardant en conscience qu'il faut rendre service à l'utilisateur sur le plan ergonomique. Une pratique qui favorise l'ergonomie à l'esthétisme.
- Utiliser parfois un côté théâtral, mais qui serait plus de la manipulation.

Nous avons donc une bonne idée de ce que l'expérience utilisateur représente pour nos professionnels de l'UX Design. C'est avant tout, un contexte positif favorable à la navigation qui tient compte des émotions pour favoriser des interactions. Cette expérience modifie donc tous les aspects du métier de communicant et permet parfois de dépasser les limites, en allant chercher le côté affectif, voire théâtral, pour manipuler les utilisateurs.

Cette définition parait assez surprenante, car elle ne définit en rien ce qu'est une expérience et en quoi elle consiste. A aucun moment, les professionnels interviewés ne parlent de son, de vidéo, d'images et de tous les composants possibles pour faire vivre une expérience numérique. Il se pourrait que les professionnels interrogés n'aient conscience que partiellement du processus d'expérience utilisateur, qui serait élaboré en amont dans une dimension beaucoup plus stratégique. Afin de comprendre cela et vérifier si leur définition est totale ou fait partie d'une définition plus vaste, il faut chercher la définition de l'expérience utilisateur. Chose que j'ai faite à travers des textes scientifiques qui définissent l'expérience de consommation et le marketing expérientiel. Voyons maintenant ce qu'est le marketing expérientiel.

1.2 - Le marketing expérientiel

A chaque instant de la vie, nous vivons une expérience dans le sens où nous utilisons nos 5 sens pour percevoir la vie à travers l'environnement qui nous entoure. Le marketing expérientiel cherchera à exploiter ce phénomène pour nous proposer une expérience extraordinaire.

Comme nous l'avons vu, c'est dans les travaux de Holbrook et Hirchman exploités 20 ans plus tard que le marketing expérientiel puise ses fondements théoriques. Comme le dit Carù et Cova (Carù & Cova, Expériences de consommation et marketing expérientiel. , 2006) :

> « l'expérience est considérée comme un concept-clé de la théorie de la culture du consommateur (CCT, Consumer Culture Theory; Arnould et Thompson, 2005). Elle est aussi devenue le fondement principal d'une «

économie de l'expérience » (Pine et Gilmore, 1999), à la suite de laquelle s'est développé un marketing expérientiel (Schmitt, 1999) qui tend à proposer aux consommateurs des immersions dans des expériences extraordinaires plutôt que des achats de simples produits ou services. »[40].

Ce basculement de la valeur d'usage vers la sémiotique donne un aspect totalement différent dans l'objectif de consommation. On va donc chercher à consommer d'avantage le sens d'un produit que le produit lui même : « c'est son image qui fait la différence » (Ibid.).

On arrive ensuite, avec le temps et le travail des chercheurs dans des domaines comme la psychologie et la sociologie, à une approche qui consiste à dire : « ce n'est plus le travail et donc l'activité de production qui est le vecteur de construction identitaire de l'individu, mais la consommation. » (Ibid.). Cette approche consumériste de la construction identitaire transforme totalement la société qu'on appelle la société de consommation. Carù et Cova définissent ce phénomène de cette façon :

---

[40] Arnould E.J., Thompson C.J., "Consumer Culture Theory (CCT): Twenty Years of Research", Journal of Consumer Research, vol. 31, March 2005, p. 868-882.
Pine B. J., Gilmore J., The Experience Economy : Work is Theatre and Every Business a Stage, HBS Press, Harvard, 1999.
Schmitt B. H., Experiential Marketing : How to Get Customers to Sense, Feel, Think, Act and Relate to Your Company and Brands, The Free Press, New York, 1999.

« C'est par la consommation, en effet, que l'on conforte une identité qui est de plus en plus mise à mal par le chômage, le divorce, l'éclatement de la famille, la mobilité... Il ne s'agit donc plus simplement de « faire ses courses », mais de « vivre des expériences » et le plus souvent des expériences dites « incorporées » car elles font appel à tous les sens de l'individu. ».

La consommation devient le moyen de réconfort d'une identité en proie à une vie mise à mal. L'expérience devient donc un moyen marketing de commercialiser des produits. Au départ, le champ d'application de ces théories était surtout le monde des loisirs, mais il s'est clairement démocratisé et répandu avec le temps : « De façon caricaturale, certains résument même la consommation actuelle au « plaisir d'être immergé dans des banalités McDisneyfilisées » (Thompson, 2000, p. 134). »[41] (Ibid.).

On parle donc bien de « McDisneyfilisation » dans l'approche pratique et globale du marketing expérientiel. Deux concepts théoriques opposent les chercheurs : le premier est celui de l'immersion, qui consiste à transposer l'individu dans un monde thématisé et sécurisé qui contrastera avec le stress du quotidien, pouvant aller « jusqu'à lui faire vivre l'expérience d'un autre soi ». Ce modèle définit des flux qui permettent de

---

[41] Thompson C. J., "Postmodern Consumer Goals Made Easy !!!", The Why of Consumption, Ratneshwar S., Mick D.G. et Huffman C. (eds), London, Routledge, 2000, p. 120-139.

mettre en place une immersion. Le deuxième concept est celui qui serait une expérience hédonique de la vie dans laquelle la consommation permettrait des petits plaisirs au quotidien pour former un grand plaisir au final.

Carù et Cova (Ibid.) définit le concept de l'hyperréalité de Baudrillard[42]de la façon suivante :

> « De plus en plus, nous nous contentons, pour toute réalité, de celles des images et, pour toute chose, de la copie. Nous souhaitons secrètement ne plus être confrontés à l'original et à sa dure réalité, pour lui préférer des artefacts plus édulcorés. La copie est pour nous plus vraie que la réalité qu'elle est supposée représenter (« l'authentoc » en lieu et place de l'authentique). Plus fort encore, la réalité aurait aujourd'hui disparu et tout ne serait qu'images, illusion et simulation. Il n'y aurait plus que des copies du réel, sans origine ou réalité. L'image ne pourrait plus imaginer le réel, puisqu'elle l'est. ».

Cette absence stupéfiante de réalité, instrumentée par les marketers, pousse l'individu à vivre sa vie par projection. Les chercheurs comprirent vite qu'il fallait absolument que l'individu ne soit pas passif, mais acteur de ses expériences. Les entreprises vont jusqu'à utiliser la co-construction pour théâtraliser le produit et les clients sur des points de vente. Cet

---

[42] Baudrillard J., L'illusion de la fin ou la grève des événements, Galilée, Paris, 1992.

aspect co-constructif est extrêmement intéressant et mérite qu'on s'y intéresse (Ibid.) :

> « Les méthodes avancées pour permettre à l'entreprise de (co)produire des expériences, avec et pour le consommateur, présentent un point commun : *il s'agit de théâtraliser et mettre en scène à la fois le consommateur et l'offre de l'entreprise* au travers d'un travail important sur le décor, c'est-à-dire le design d'environnement et l'ambiance du point de vente. Quand une entreprise ou une marque ne délivre que des produits et non des services, il lui est d'ailleurs recommandé de créer ses propres lieux (théâtres de la consommation) où le consommateur pourra faire l'expérience de ses produits, sans l'intrusion d'aucune concurrence à l'image des magasins Nike et autres concepts ou flagship stores, ainsi que des restaurants Lustucru ou des cafés Nespresso. » c'est moi qui le souligne.

Cette méthode d'inclure et de théâtraliser le client et le produit n'est pas sans rappeler l'approche que nous avons étudiée sur l'incubation des usages. On peut largement considérer que l'incubation des usages amplifie, si elle n'en fait pas partie, les théories du marketing expérientiel. Cette résonnance entre méthode (incubation) et théorie (marketing expérientiel) parait tout à fait compatible, puisque l'engagement et l'expérience commencent dès le départ. En étudiant les différentes méthodes et modèles, à savoir d'appropriation ou l'immersion, il devient très facile d'inclure une expérience utilisateur dans l'incubateur (Carù & Cova, L'accès au plaisir/jouissance dans l'expérience de consommation : une investigation du cas spécifique des expériences virtuelles., 2006).

Carù et Cova mettent en exergue l'importance de l'approche psychologique dans le marketing expérientiel (Carù & Cova, Expériences de consommation et marketing expérientiel. , 2006) :

> « le marketing expérientiel reprend à son compte les travaux du fameux psychologue M. Csikszentmihalyi (1997) sur l'expérience : la meilleure expérience est l'expérience dite de flux (flow), c'est-à-dire un moment exceptionnel pendant lequel « ce que nous sentons, ce que nous souhaitons et ce que nous pensons sont en totale harmonie » (Csikszentmihalyi, 1997, p. 29). »[43].

C'est cette recherche d'harmonie que va chercher le consommateur à travers son comportement d'achats. Ces expériences vont donner un sens à la vie des individus. En étant acteur, il vit donc forcément une expérience unique, puisqu'il s'agit de ses émotions. Selon Carù et Cova, le marketing expérientiel trouve sa source dans le courant romantique du XVIII siècle (Ibid.) :

> « Le romantisme associe la recherche de plaisirs intenses et d'états d'excitation émotionnelle extrême et

---

[43] Csikszentmihalyi M., Finding Flow, Perseus Book, New York, 1997.

les oppose à la tiède médiocrité de la vie quotidienne. Vivre une expérience devient la seule chose intéressante. Le consommateur devient ainsi le héros d'une « romance », la romance de sa vie quotidienne. Ce faisant, on rentre dans une « exaltation obsessive, on est dans la plus totale démesure. Aujourd'hui, cette démesure n'est plus considérée comme un danger, mais, au contraire, est recherchée. Dans la production comme dans la consommation, ce désir de « vivre grand », d'avoir « une vie intense », est la traduction de l'incapacité à accepter les limites et du besoin de les dépasser » (Cassano, 2001, p. 62). »[44].

Cette partie définit le consommateur tel qu'il est perçu par les métiers du marketing et tel qu'il est défini par Cassano. Il est difficile de savoir si c'est le consommateur qui fait le marketing ou si c'est le marketing qui façonne le consommateur. L'expérience est donc le passage quasiment obligatoire pour commercialiser des produits, mais également des idées et pour faire passer des messages et informer les personnes.

Ce concept n'a pas échappé au numérique évidemment. On retrouve de nombreuses expériences sur l'accès au plaisir et la jouissance par l'expérience dans le numérique (Carù & Cova, L'accès au plaisir/jouissance dans l'expérience de consommation : une investigation du cas spécifique des

---

[44] Cassano F., Modernizzare stanca : Perdere tempo, guadagnare tempo, Mulino, Bologna, 2001.

expériences virtuelles., 2006) qui auront un impact assez important :

> « « pour réaliser l'immersion, il ne leur suffit pas de sur-stimuler les sens et l'imaginaire du consommateur… ; il leur faut surtout faciliter l'immersion du consommateur dans le contexte expérientiel » et que *cela passe par des dispositifs l'aidant à faire son nid dans ce contexte* (exercice de la stabilité) et à contrôler ce contexte (développement de la stabilité). » c'est moi qui le souligne.

Cela ramène à lui donner une image positive de lui même pour qu'il prenne confiance dans l'expérience et se laisse aller ensuite. La notion pivot de ces expériences utilisateur se situe entre le rapport compétence et challenge que représente l'expérience. D'autres expériences mettent en pratique les outils numériques et valident les hypothèses du marketing expérientiel (Simon F. , 2007).

De par son objectif d'une expérience utilisateur et surfant sur le modèle du marketing expérientiel, l'UX Design s'inscrit dans une génération de concepts de la communication de l'expérience, du sens et aussi des sens. On découvre ici à travers l'étude de ces documents que l'expérience utilisateur n'est pas un domaine de tâtonnement qui laisse place à l'aléatoire ou aux belles idées des utilisateurs. Cependant, nous n'irons pas jusqu'à penser que l'incubateur soit systématiquement un système expérientiel qui permettrait de convertir le testeur en utilisateur.

La définition de l'expérience, cette fois, a un objectif de vente, de commercialisation, d'information, de service et tout ce qu'on peut imaginer. Facebook propose lui aussi une expérience qui est calculée selon les principes d'une société hédoniste. Parmi les professionnels que j'ai interrogés, certains comme Stéphanie, présentaient ce qu'ils appelaient de la manipulation, mais n'imaginaient pas que l'aspect marketing de leur travail était concentré autour de l'illusion. Le marketing expérientiel repose sur des théories détournées de leurs usages initiaux, qui semblent méprisantes envers l'Humanité et utilisent des contextes sociaux défavorables pour vendre des produits, des services, des idées et tout ce qu'on peut imaginer, les crises et les contextes économiques difficiles étant favorables à cette approche du marketing expérientiel.

Comme le soulignent Carù et Cova, il faut cependant distinguer le « marketing expérientiel » de « la production d'expérience » (Carù & Cova, Expériences de consommation et marketing expérientiel. , 2006). La différence se trouve au niveau de la définition de l'expérience et de l'approche méthodologique. Dans le paradigme du marketing expérientiel, l'expérience doit être « inoubliable, sinon extraordinaire ! ». Cette réflexion me paraît être très idéologique car l'approche reste la même : créer une expérience, c'est détourner le consommateur de l'objectif de base dans tous les cas.

Je me suis rendu compte que l'UX Design reprenait tous les concepts du marketing expérientiel, ceci en consultant un site Internet « UX le blog » (Simon N. , 2015) dont l'adresse internet est «http://**leblogdumarketingexperientiel**.blog-idrac.com ».

Pour synthétiser et illustrer les techniques du marketing expérientiel, je propose le schéma suivant qui résume deux méthodes théoriques de construction d'une expérience qui permet à l'utilisateur d'accéder à un état de plaisir/jouissance (Carù & Cova, L'accès au plaisir/jouissance dans l'expérience de consommation : une investigation du cas spécifique des expériences virtuelles., 2006).

OBJECTIF	CONTROLE	Perte de conscience de soi
FEEDBACK	FOCALISATION	Transformation de la percéption du temps
DEFI		Activité autotélique

Conditions préliminaires   Processus d'accès   Conséquences d'accès

Modèle des flux

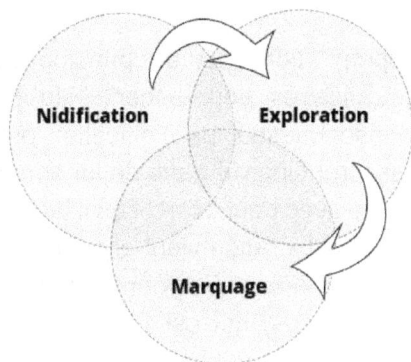

Nidification   Exploration

Marquage

Modèle d'appropriation   Antoine Monchecourt

Figure 6 - Modèles de marketing expérientiel

Le modèle des flux a été théorisé par le psychologue Csikszentmihalyi, comme nous l'avons vu précédemment. On décrit ici un procédé d'immersion progressive qui consiste à avoir 3 éléments préparatoires : un objectif précis, un feedback immédiat et surtout on doit avoir un défi à relever, qui est à la hauteur du niveau de compétence de l'utilisateur.

L'utilisateur entre ensuite dans le processus d'accès. Cela se manifeste par un contrôle de l'expérience et aussi une concentration et focalisation sur l'objet de l'expérience. S'ensuit alors l'expérience plaisante et jouissive. La conséquence de l'accès à cet état se manifeste par trois états : perte de conscience de soi, une transformation de la perception du temps et enfin l'activité qui devient autotélique, soit suffisante à elle même.

Le modèle d'appropriation part du principe qu'il y a trois composantes nécessaires pour accéder au plaisir et à la jouissance de consommation. La nidification est le caractère qui permet de rassurer l'individu afin de lui donner une image de lui même positive avec pour objectif qu'il lâche prise et entre dans l'expérience. L'exploration vient ensuite et l'individu va y développer ses points de contrôle pour y étendre son territoire, pour arriver au marquage, qui est l'objectif de l'expérience. L'individu donnera un sens unique à l'expérience – ou à une partie de l'expérience - en fonction de son histoire, de ses références et connaissances, en faisant usage de sa créativité. Une fois ces trois critères réunis, il aura alors accès au plaisir jouissance dans l'expérience.

Pour réaliser une expérience utilisateur, on peut utiliser ces méthodes pour construire un scénario qui permette à l'utilisateur de passer par ces étapes. Pour rejoindre le discours de nos professionnels de l'UX Design, on retrouve dans ce texte le concept de prise en compte de l'état psychologique et de procuration du bien être (Cova & Deruelle, 2010) :

> « Ceci étant, certaines recherches sur le plaisir dans l'expérience de consommation font état de l'existence d'une jouissance moins totale et plus éphémère que celle vécue dans les états de flux. Carù et Cova (2003, p. 59) parlent de « petites conquêtes » pour décrire ces petits moments de jouissance ou micro-immersions dans l'expérience : c'est-à-dire des petits moments forts qui se traduisent par *un sentiment de bien-être*, de développement et de gratification. Carù et Cova (2003) mettent ainsi en avant que dans les expériences de consommation, il y a rarement immersion totale du consommateur dans l'expérience, mais plutôt immersion partielle. »[45] c'est moi qui le souligne.

Ce point rejoint donc bien l'objectif recherché par nos UX Designer, celui d'un état de bien être qui favorise l'achat ou l'utilisation d'un service. Ce qui est très intéressant, c'est la perception réductrice qu'ils en ont. A les écouter, cette immersion serait purement altruiste. La perception qu'ils ont de leurs pratiques est donc bien partielle, car le véritable objectif du marketing expérientiel reste à des fins économiques et

---

[45] Carù, A. et Cova, B. (2003), « Approche empirique de l'immersion dans l'expérience de consommation : les opérations d'appropriation », Recherche et Applications en Marketing, Vol. 18, N°2, p. 47-65.

détourne l'attention du produit lui même. Les chercheurs en marketing expérientiel en font eux même la critique (Carù & Cova, Expériences de consommation et marketing expérientiel. , 2006).

Si on reprend les explications de nos UX Designers par exemple Céline (Bichope, 2015) : « On utilise vraiment à 80 ou 90% des UX Designer dans l'optique de répondre au besoin de l'utilisateur, donc on n'est pas dans la manipulation. ». Leurs discours convergent quasiment tous vers un métier altruiste qui tient compte des besoins, des envies, … L'immersion tient certes compte des envies hédonistes du consommateur, mais à titre personnel, je juge cette pratique comme manipulatoire, car elle détourne le sens même de l'acquisition d'un produit ou de l'utilisation d'un service qui part normalement d'un besoin.

Si on se souvient de ce que nous disait Jean (Yassol, 2015) : « […]chez Orange, ils ont créé une division Design Usability, dans laquelle ils ont regroupé tous ceux qui faisaient du design, de l'ergonomie et surtout tous ceux qui faisaient de l'UX au sens large à ce moment là […] ». Mais selon mes recherches, ils ont en parallèle créé les Orange Labs (Cova & Deruelle, 2010) : « Orange Labs (dénommé également France Télécom R&D du 1er mars 2000 au 1er janvier 2007) est la division recherche et développement du groupe France Télécom. Les Orange Labs jouent un rôle moteur dans la stratégie d'opérateur intégré de France Télécom, en contribuant, par ses développements, à l'intégration des réseaux, à l'enrichissement des services de communication, d'informations et de loisirs, à l'offre de nouveaux services de vie pratique, à l'optimisation et la montée en valeur des services aux entreprises. » qui ont travaillé sur les expériences appliquées du marketing expérientiel. On voit bien dans cet exemple que l'UX Designer n'est pas impliqué dans les stratégies marketing mais met en pratique ses stratégies expérientielles.

Les recherches sur le plaisir de consommation chez Orange est lancé en 2006 (Cova & Deruelle, 2010) :

> « Courant 2006, un contrat de recherche a été mis en place entre une unité de recherche des Orange Labs et une école de gestion sur le thème du plaisir et de l'expérience de consommation. L'objectif de ce projet était double. D'une part, démontrer la complémentarité, au sein des Orange Labs, d'une recherche en marketing par rapport aux autres disciplines des sciences humaines et sociales. D'autre part, il s'agissait de définir un cadre théorique capable d'identifier des offres de services liées aux TIC (Technologies de l'Information et de la Communication) susceptibles de favoriser le plaisir du consommateur. ».

Ces recherches n'auront mis en avant que des récits de consommateurs (Ibid.) « qui ont eu accès à l'état de jouissance, et on retrouve souvent l'idée de puissance infinie dépassant largement les capacités d'usage des consommateurs, donnant ainsi au site un sens (« infini », « sans limite ») ». On voit également le côté puissant de l'immersion expérientielle pour les utilisateurs et ce n'est pas pour rien que de plus en plus de professionnels l'utilisent, car elle représente un enjeu pour les entreprises dans un contexte de marché bien précis.

1.3 - Les nouveaux enjeux des entreprises

La révolution du numérique a engendré des mutations dans bien des domaines. Le domaine qui a subi d'importantes transformations est celui de l'économie, avec un impact majeur sur de nombreux secteurs voire sur tous les secteurs. Le produit immatériel fait son apparition et c'est l'apparition des biens non-rivaux. Les nouveaux modèles économiques possibles transforment les pratiques et les modalités de consommation (Wikipedia, 2015) :

> « Une transaction commerciale d'un bien immatériel obéit à d'autres lois. Premièrement le vendeur n'est pas dépossédé de son bien lors de la vente et il traite non pas avec un seul, mais avec plusieurs acheteurs, qui ne se présentent pas forcément au même moment. La transaction n'est plus instantanée, mais peut être infinie dans le temps. La notion de bien matériel induit une relation de type un-un, tandis qu'un bien immatériel induit une relation de type plusieurs-plusieurs. Ce bien est dit non–rival, car la possession par un acheteur ne contraint pas la possession éventuelle d'un autre acheteur. ».

Les entreprises n'ont pas toutes d'emblée compris ce phénomène. Par exemple, Microsoft a mis des années avant de passer de Office à Office 365. Office de Microsoft ; un des logiciels les plus piratés au monde est resté jusqu'en 2011 un logiciel qui était vendu dans un coffret comme un bien rival. Microsoft transforme alors son approche et le propose en location et disponible en ligne comme n'importe quel outil non-rival. La suppression du numéro de licence comme produit unique va aussi dans le sens du bien non-rival[46]. On constate aussi à cette époque la création des Stores sur les systèmes d'exploitation des ordinateurs. Les modifications de commercialisation et la notion de bien non-rivaux créent des transformations dans les entreprises et créent de nouveaux modes de commercialisation.

Au-delà des œuvres et des productions partagées, la majorité des secteurs économiques ont transféré une partie de leurs activités (voire toutes) sur Internet. Les chercheurs en sociologie se sont d'ailleurs intéressés à différents secteurs en particulier, cités par Beuscart et Paragie-2006 :

> « Différents secteurs : l'industrie de la musique (Bourreau et Gensollen, 2006 ; Beuscart, 2007), du cinéma (Mabillot, 2008), le secteur de la presse d'information, de la recherche d'emploi (Mellet et al., 2007 ; Fondeur,

---

[46] Je ne peux que recommander la vidéo de François Pellegrini sur la question des biens non- rivaux et des logiciels propriétaires qui sont antinomiques.

2006), le secteur de la publicité ou encore l'industrie du tourisme (Longhi, 2004) »[47].

Les transformations sont liées à chaque secteur en particulier, lequel a ses propres mutations. Ils ont cependant des points communs comme la baisse des barrières à l'entrée des marchés, qui aura pour effet d'augmenter la concurrence avec l'arrivée de nouveaux acteurs. Cela va augmenter également la perméabilité entre marchés voisins. Ces nouveaux arrivants vont avoir également un impact sur les organisations productives et les acteurs comme les agences de publicité (ibid.).

---

[47] BOURREAU (M.), GENSOLLEN (M.), 2006. « L'impact d'Internet et des Technologies de l'Information et de la Communication sur l'industrie de la musique enregistrée », *Revue d'Economie Industrielle*, n°116, pp. 31-70.
BEUSCART (J.-S.), 2007, « Les transformations de l'intermédiation musicale »,*Réseaux*, n°141-142, pp. 143-176.
MABILLOT (D.), 2008. « Marchés, technologies et institutions. Le cas de la numérisation de l'industrie cinématographique », Thèse de Doctorat en Sciences Economiques, Université de Paris XIII.
MELLET (K.), MARCHAL (E.), RIEUCAU (G.), 2007. « Job board toolkits: Internet Matchmaking and Changes in Job Adverstisements », *Human Relations*, 60/7, pp. 1091-1113.
FONDEUR (Y.), 2006. « Internet, recrutement et recherche d'emploi : une introduction », *Revue de l'IRES*, n°52.
LONGHI (C.), 2004. « Internet et dynamique des marchés dans le tourisme. Enjeux analytiques et développements empiriques », *Revue d'économie industrielle*, vol.108, n°1, pp. 67-90.

Il faut aussi tenir compte des phénomènes d'influence que permet l'outil numérique, comme le précise l'article suivant (ibid.) :

> « La vérification de ces hypothèses et la qualification des systèmes de recommandation structurent le débat académique : les multiples outils de discussion, de vote, d'évaluation, les algorithmes de recommandation, transforment-ils réellement les façons de consommer des individus ? (Gensollen, 2004 ; Benhamou et Benghozi, 2008) »[48].

La question de la transformation de la communication à travers Internet reste un sujet de discussion et de recherche, passionnant pour les sociologues.

Pour sortir de la masse d'informations, de la masse concurrentielle et pour contourner les outils d'évaluations qui orientent vers le moins cher et crée un climat économique très complexe, l'entreprise doit se démarquer. Une fois que les prix sont au plus bas, que le client connaît la qualité du produit, il ne reste, sur Internet, que le conseil pour se démarquer. J'ai travaillé pendant deux ans, pour prendre un exemple personnel, comme chez de projet Internet pour un site qui

---

[48] GENSOLLEN (M.), 2004. « Economie non-rivale et communautés d'information », *Réseaux*, n°124, pp. 141-206.
BENGHOZI (P.-J.), BENHAMOU (F.), 2008. « Longue traîne : levier numérique de la diversité culturelle ? », Ministère de la Culture, DEPS, www. culture. gouv. fr/ deps.

vendait du café sur Internet. La concurrence était très féroce et les produits bien souvent choisis hors-ligne, c'est à dire en magasin. Nous n'avions que deux possibilités pour essayer de nous démarquer : la nouveauté et la rareté, mais aussi le conseil.

Cette partie « conseil » permettait de créer aussi une ambiance, on ne faisait pas d'UX Design, car c'était inconnu à l'époque, mais cela aurait été très opportun de le faire à ce moment là. On réfléchissait tout de même aux émotions que cela procurait au visiteur. Il y avait la règle de l'humanisation, où il fallait toujours mettre des humains en scène dans toute communication. On n'est pas très loin de l'UX Design, même s'il manque pas mal de choses par rapport à la vision UX Design d'aujourd'hui.

Face à une concurrence très dense et à une clientèle très exigeante qui cherche des prix bas, l'UX Design est actuellement une bonne façon d'emmener le client là où il ne pensait pas aller : dans une expérience utilisateur. Le marketing expérientiel décale l'attention du consommateur sur l'expérience et non sur le produit. Selon moi, on opère quelque part une alternative illusoire au sens de Watzlawick dans *Le langage du changement* (Watzlawick, Le langage du changement, 1980, p. 120) :

> « Erickson se souvient également d'avoir plus tard commencé lui-même à utiliser cette méthode à l'université pour amener ses camarades à choisir entre

deux besognes, qu'ils auraient sans hésitation rejetées, si elles leur avaient été proposées séparément. Pour reprendre les termes même d'Erickson, « ils s'acquittaient de l'une ou de l'autre dès que je leur suggérais qu'ils ne pouvaient refuser l'une à condition d'accepter l'autre » ».

Le fait de recentrer le débat sur l'expérience utilisateur et de faire interagir l'utilisateur, tout en lui proposant de créer une identité numérique, consiste à changer le cadre des choses. C'est Jean (Yassol, 2015) qui dit quelques choses très intéressantes, quand il parle des personnes qui dirigent des entreprises comme Orange : « Donc ils ont des connaissances scientifiques très poussées, mais ils n'ont pas de prise en compte du facteur humain … ».

Le facteur humain permet de prendre en compte l'humain, mais aussi de modifier l'angle par lequel on essaye de lui commercialiser quelque chose. Cette approche représente exactement la philosophie de l'UX Design, on ne parle pas du prix, ni de la qualité du produit : on propose une expérience. Et comme on le retrouve dans le paradigme du marketing expérientiel (Cova & Deruelle, 2010) : « Si le consommateur recherche le plaisir dans la consommation, l'entreprise qui saura le mieux comprendre comment le faire accéder à cet état de plaisir, bénéficiera d'un avantage concurrentiel (Meyer et

Schwager, 2007). »[49]. Le concept d'avantage concurrentiel à travers cette pratique est donc posé.

Notons ici que le marketing expérientiel est le courant théorique de l'UX Design, car il reprend intrinsèquement son concept. L'UX Design consiste à faire du marketing expérientiel sur Internet que ce soit pour des produits, des services, des marques ou des idées.

1.4 - L'expérience comme stratégie

L'expérience n'a pas échappé au monde de l'entreprise. Les entreprises, à travers des activités, proposent des expériences à leurs salariés. Des activités parfois dangereuses ou parfois des systèmes de coaching (Guilhaume, 2009, p. 106) qui permettent d'emmener le salarié dans des immersions. Ces concepts théoriques de l'expérience sont tous fondés sur le principe hédoniste de l'humain. Une recette qui fonctionne et qui peut être déclinée sous toutes ses formes et évidemment dans tous les domaines.

On peut penser que l'entreprise a un modèle économique avec un produit et qu'elle met ensuite sa stratégie marketing en place. Si elle prend pour stratégie le marketing expérientiel, elle aura alors deux possibilités pour son approche numérique : soit elle commercialise ses produits uniquement en ligne, dans ce

---

[49] Meyer, C. et Schwager, A. (2007), "Understanding Customer Experience", Harvard Business Review, Vol. 85, p. 117–126, February.

cas elle utilisera l'UX Design comme seul support d'expérience (c'est le cas de Facebook), soit le support de vente est mixte, en ligne et en magasin, et dans ce cas l'UX Design est une déclinaison d'une expérience beaucoup plus grande (c'est le cas d'Apple).

Le storytelling est une pratique de communication répandue. Le principe est de raconter une histoire pour avoir plus d'impact. Le storytelling prend sa légitimité dans le fait qu'une belle histoire vaut parfois mieux qu'un long discours, selon l'expression populaire. Selon moi, le storytelling fait partie d'une communication expérientielle, dans laquelle un individu vit une expérience à travers un héros Dans la construction de l'histoire en storytelling, le héros doit toujours affronter une péripétie. Ceci n'est pas sans rappeler le concept de défi qu'on retrouve dans le modèle des flux. Celui qui écoute une histoire n'accédera pas forcément à la jouissance, mais aura tout de même participé à une expérience par « procuration ».

1.5 - L'exemple de Tinder et Airbnb

Le concept de Tinder est simple, il vous géolocalise et vous montre la photo des autres membres. Vous dites si vous « aimez » cette photo ou si vous « ne l'aimez pas ». Si vous l'aimez et que la personne de l'autre côté aime aussi votre photo, alors vous « matchez », c'est à dire que vous pouvez lui parler et discuter comme sur un site de rencontre.

Ce principe est très révolutionnaire, car il permet une approche plus naturelle, avec d'abord une approche physionomiste comme dans le monde physique. Mais il permet aussi de concevoir les rencontres en terme de voyage. Par exemple, si vous partez, libre à vous d'utiliser Tinder pour visiter Barcelone avec des nouvelles amies ou de nouveaux amis. Tinder est tout de même une rupture, c'est le premier site de rencontres internationales. Il donne une dimension exponentielle qui révolutionne totalement le secteur des sites de rencontres. Tinder a un modèle économique simple, avec un système de fonctionnalités premium en échange d'un abonnement mensuel.

Il s'agit bien ici d'une expérience utilisateur, couplée à un réseau social, puisque ce n'est pas un site de rencontre, c'est une expérience. Quand on commence à l'utiliser, on comprend que l'objectif est de valider des profils. Il suffit de donner son avis et on a instantanément un retour, si on a matché avec une personne. Le défi est simple, c'est d'essayer de trouver quelqu'un qui nous a déjà matchés. On trouvera également le concept de sociologie des réseaux sociaux que nous avons abordé précédemment avec l'identité immédiate et l'identité calculée qui comptabilise le nombre de contacts (Georges, L'identité numérique dans le web 2.0, 2008).

On peut également voir Tinder comme une expérience culturelle. En effet, c'est un des premiers outils, qui change la vision que nous avions du tourisme. Aux USA, Tinder sert à planifier ses vacances. En Espagne, on constate que certains utilisateurs l'utilisent pour apprendre une nouvelle langue. Ce nouveau comportement permet de se trouver un ami ou une petite amie pour les vacances, c'est une façon différente de découvrir un pays. Cette nouvelle expérience ne change pas l'objectif ou le feedback si on reprend le modèle des flux, mais par contre le défi change. Dans le premier cas, dans une dimension locale, rencontrer une personne avec Tinder semble relativement accessible et le défi se situe plutôt dans la capacité à rencontrer une personne qu'on aimerait rencontrer, car nous avons validé son physique initialement. Mais certaines personnes, ayant un physique peut être avantageux, ne verront aucun défi en cela. C'est pourquoi Tinder leur propose un nouveau défi, un « terrain de chasse » à échelle internationale. Le nouveau défi peut consister à créer une relation dans une autre langue ou simplement voir si ce physique avantageux est perçu en France comme dans les autres pays. Cet exemple est très intéressant, car il place le curseur au niveau du défi et montre qu'un même concept peut avoir plusieurs niveaux de défi et qu'au contraire, plus il y en a et plus le succès est au rendez-vous. Le contrôle qu'on exerce dans l'outil permet de choisir de potentiels ou potentielles partenaires. Au final, on consulte les photos et on se focalise sur la recherche du partenaire idéal.

Prenons maintenant l'exemple de Airbnb. Il est assez similaire à Tinder sur l'approche. Ce qui est intéressant, c'est qu'il comporte plusieurs expériences, dont le voyage en lui même. Concentrons-nous sur l'expérience du voyage. Les conditions préliminaires sont déjà de voyager pas cher et qu'il y ait tout de suite des offres disponibles. En effet, Airbnb propose un grand nombre de voyages possibles. Le défi sur Airbnb suit la même évolution que pour Tinder, il est « multi défis ». Le premier défi est déjà d'aller dormir dans une chambre chez un inconnu. Le deuxième, côté hôte, est de prêter sa chambre ou sa maison. On voit ici très clairement que la première utilisation représente déjà un défi en soi.

Il est intéressant de voir les défis de second intérêt pour des utilisateurs plus habitués. Les défis vont se trouver plus dans les destinations, et pour l'hôte, c'est le système de notation qui compte. En effet, vos visiteurs peuvent faire de vous un « super hôte » à travers les commentaires. Airbnb est un concept qui rend possible des expériences en cascades : découvrir un pays avec son téléphone à travers les biens proposés par exemple. Les photos sont typiques et on voit systématiquement l'intérieur des logements[50]. C'est déjà une expérience de visiter un pays sur son téléphone. Une autre expérience est de visiter un pays en rencontrant des gens et donc en vivant comme la population. La multiplicité des expériences que propose Airbnb en fait un véritable concept multi-expérientiel, au-delà même de la révolution sociale qu'il apporte. Le tout se trouve sous le couvert d'une expérience principale qui n'est pas de voyager, mais vivre une réelle expérience en immersion dans le pays. Le succès de Airbnb est là, c'est l'expérience qui a pris le pas sur la location d'une chambre, qui est toujours la même, quelque soit l'hôtel. Il faut voir aussi que le fait que le client soit

---

[50] Airbnb envoie des photographes pour faire vos photos de maison, si vous le souhaitez.

en immersion chez un habitant, donne à son voyage un caractère totalement unique, qui lui garantit de vivre une expérience différente à chaque fois, peu importe la destination. Cette façon de voyager multi-expérientielle va donc forcément rencontrer un succès phénoménal.

Les géants du tourisme qui se sont fait supplanter par cette exploitation de l'expérience qui prime sur le bien, essayent aujourd'hui de s'adapter et on le constate déjà comme par exemple avec le site Internet de la chaîne d'hôtel Marriott (Marriott, 2015). Marriott a conservé ses sites Internet de réservation, mais a créé une nouvelle espèce de site et donc modifié sa façon de communiquer. Sur la page, on retrouve le titre « Experience Chicago like a local, curated by Marriott »[51] et on se projette dans Chicago à travers des photos principalement, des endroits branchés et des messages de blog. C'est l'essence même de l'UX Design d'exploiter cette recherche d'expérience que veut l'utilisateur.

Je reviens ici sur mes « sans domicile fixe » du numérique de Airbnb. Nous avions juste posé ce constat, mais pas encore du point de vue expérientiel. Même s'ils gagnent de l'argent, les multiples expériences qu'ils vivent à travers la location de leur bien, leur procurent un sentiment de plaisir et de jouissance. Tout est aussi orienté vers l'expérience de l'expérience, avec le système de notation qui est symétrique et où vous découvrez, en même temps que votre visiteur, le commentaire

---

[51] Juste en- dessous, on peut trouver l'heure locale à Chicago, ainsi que la température.

réciproque que vous avez laissé. On est toujours moins critique, quand on est jugé en retour.

1.6 - L'interaction au cœur du processus

La question de l'interaction est centrale, car elle permet de vivre une expérience. C'est ce qui fait la différence entre un projet de communication plus classique et l'expérience utilisateur. Cette interaction, on le voit sur le modèle des flux, permet de répondre aux conditions préliminaires du feedback et ensuite de donner l'accès à l'expérience à travers le contrôle. L'interaction est un processus central qui permet de créer l'expérience.

L'interaction entre l'utilisateur et l'interface est centrale, mais l'interaction avec d'autres utilisateurs joue aussi un rôle fondamental dans la rencontre entre la théorie de Fanny Georges (Georges, L'identité numérique dans le web 2.0, 2008) et celle du marketing expérientiel (Carù & Cova, Expériences de consommation et marketing expérientiel. , 2006). Elles se rejoignent sur l'identité de la personne et sa perception à la fois dans l'action sur le plan sociologique et dans ses expériences sur l'aspect expérience. L'un nourrit l'autre et ces deux théories se complètent, car la théorie issue de la sociologie permet à l'utilisateur de voir immédiatement (identité immédiate) et sans son contrôle (identité calculée) l'expérience qu'il vit. Réciproquement, l'expérience et le sentiment de plaisir passent par la remémoration possible, grâce à ces identités qui confortent l'utilisateur dans la construction qu'il a de lui.

Ce modèle nous fait passer du modèle shanonnien du projet numérique, qui ne fait que diffuser un contenu avec une image et laisse les personnes consommer leur information comme un produit, au modèle d'interaction qui serait orchestral tel que le décrit Winkin (Winkin, Anthropologie de la communication, 1996). L'analogie que je fais de comparer l'évolution qu'ont apportée les travaux de l'école Palo Alto et de l'école de Chicago avec l'UX Design, permet de comprendre la révolution qu'apporte l'interaction dans les projets de communication numérique. On voit encore très peu de projets avec de l'interaction.

Conclusion

L'UX Design n'est pas révolutionnaire dans son approche centrée sur l'expérience utilisateur. Elle reprend les théories du marketing expérientiel pour proposer des expériences numériques. Les professionnels, avec lesquels je me suis entretenu, ne sont pas forcément conscients de cela. Ils manipulent des concepts, des théories du modèle des flux. Ils n'ont conscience que du côté expérience positive, sans forcément savoir d'où viennent ces théories. Ils ont un regard très positif sur leurs pratiques professionnelles, qui seraient presque philanthropiques.

Le marketing expérientiel n'a cependant rien de philanthropique, puisqu'il propose de recadrer la question du besoin, de la qualité d'un produit autour d'une expérience que voudra revivre l'utilisateur, pour oublier d'une part sa condition et d'autre part pour se percevoir différemment. Ce concept, même s'il est discutable, permet de faire évoluer les approches théoriques vers une globalisation de l'expérience qui permet d'avoir un avantage concurrentiel pour une entreprise.

De nombreuses entreprises, dont notamment les startups émergentes, utilisent ces théories de l'expérience et les mettent en pratique dans des approches multi-expérientielles. En effet, un des principaux freins à la participation à une expérience est le défi qu'elle représente. On trouve alors des concepts très larges qui permettent de vivre plusieurs expériences à plusieurs niveaux d'utilisation. Tout dépend ensuite du sujet de l'organisation qui souhaite faire vivre des expériences. Parfois, il est plus difficile de faire vivre une expérience sur certains sujets et le talent créatif de l'UX Designer permettra certainement de faire vivre une expérience à différents types d'utilisateurs. Nous l'avons vu, l'expérience plaisante et jouissante n'est pas toujours un but ultime et un ensemble de petits plaisirs suffit pour créer une expérience utilisateur satisfaisante.

2 - L'approche psychologique

« L'esprit pourrait être comparé à l'eau d'une fontaine qui joue avec le soleil, pour ensuite replonger dans le bassin sous-terrain de l'inconscient, d'où elle provient de prime abord. » Sigmund Freud, médecin neurologue, fondateur de la psychanalyse.

La psychologie est une pratique qu'on retrouve dans les pratiques de communication. Elle intervient de façon transverse dans toutes les disciplines où l'humain est en interaction. Nous avons vu dans l'approche expérientielle, que l'apport de la psychologie a permis de créer le modèle des flux. La psychologie et même la psychiatrie ont permis également de théoriser l'interaction humaine avec l'école de Palo Alto. La psychologie et ses théories se propagent dans les disciplines et créent des courants de penser. Ces théories ont un impact beaucoup plus important que ce qu'on pourrait croire, comme on peut le voir en introduction d'un livre de psychologie sociale (Berjot & Delelis, 2014), où on explique que Galton applique la théorie de l'évolution de Darwin au domaine de la psychologie :

> « Avec ce raisonnement et dans un tel contexte (en plein colonialisme britannique), Galton ne pouvait que conclure que l'homme blanc, anglo-saxon, citadin et riche, était l'individu supérieur de l'espèce humaine et qu'il y avait pu le prouver, mais que d'autres s'attachèrent à le montrer (Broca, Burt, Goddard), à le diffuser (Le Bon)

ou à l'appliquer (politique eugéniste aux Etats-Unis –
1903, nazisme). ».

C'est dans ce contexte que s'est développé la psychologie
sociale. Bien après, elle a pris un tournant différent et s'est
ensuite recentrée sur l'information, l'interaction et les
sensations. La psychologie sociale a toujours été le lieu
d'études privilégiées pour manipuler les opinions publiques.
Elle prend son envol avec *Psychologie des foules* (Le bon,
1895) qui inspirera même Freud et certainement son neveu
très célèbre pour ses travaux sur la propagande avec
Propaganda (Bernays, 1928). La manipulation s'étend dans le
domaine de la psychologie sociale avec des théories très
abouties et très efficaces, comme on peut le constater dans
Petit traité de manipulation (Joule & Beauvois, Petit traité de
manipulation à l'usage des honnêtes gens, 2014). Ces
manipulations sont presque instinctives et on les retrouve dans
le comportement naturel des enfants comme le démontrent
Beauvois et Joule, en prenant l'exemple de l'enfant d'un des
auteurs, qui utilise le sentiment de liberté vis à vis de son père,
pour qu'il s'occupe de lui. La psychologie sociale a aussi une
dimension intéressante dans l'éducation et dans toutes les
disciplines qui appliquent ces théories à des fins altruistes.
Malheureusement, il y a aussi les objectifs moins altruistes où
l'utilisation de la psychologie sociale permet de faciliter
l'utilisation d'un service ou l'achat d'un produit.

Comme nous l'avons vu, l'équipe UX Design de Facebook est
composée de 8 psychologues et 7 sociologues. Jean Yassol

qui fait partie des professionnels que j'ai interrogés, est lui même psychologue. Il y a donc forcément un lien entre psychologie et UX Design et ce n'est pas Jean (Yassol, 2015) qui va me contredire :

> « *En tant que psychologue, on va faire en sorte qu'il change son comportement*, pour qu'il utilise de plus en plus le service. Pour expliquer ça, vous pouvez prendre un service comme LinkedIn : au départ, vous allez découvrir le service où vous avez un ami, un machin qui a son profil sur LinkedIn et qui vous a envoyé le lien ou je sais pas quoi … après, vous allez créer votre profil et puis quand vous regardez sur le profil, il y a toujours une petite jauge, pour vous inciter à toujours plus remplir votre profil …».

Le rôle du psychologue dans l'UX Design est donc clair et ne pose aucune ambiguïté. Ce que présente Jean avec LinkedIn, ce sont les théories de l'engagement, appliquées au numérique et qu'on peut retrouver dans un ouvrage (Guéguen, Psychologie de la manipulation et de la soumission, 2014) et à travers des publications scientifiques, mais nous y viendrons en détail. Il n'y a pas que l'utilisation de la psychologie sociale, fort heureusement. La psychologie sert aussi à « aider » le visiteur à s'orienter dans les interfaces et à lui permettre de finaliser son acte d'achat, si le site est marchand. Comme le souligne Jean (Yassol, 2015) :

« Après, si c'est un site e-Commerce comme Sosh, l'objectif est clair : c'est celui de faire réaliser un achat, donc on va effectivement faire en sorte qu'il commence à la page A pour finir à la page Z. Et on veillera à ce qu'il finisse sa tâche et on va s'assurer que rien ne pourra le freiner dans son avancée jusqu'à passer sa commande au caddie ... c'est un peu l'objectif et c'est un premier niveau où l'on va s'assurer qu'il commande. Après, il y a des services, *où l'on va s'assurer qu'il continue à utiliser le service et donc à continuer à commander sur le site et là, on va essayer effectivement de le manipuler pour faire en sorte qu'il soit engagé vis à vis du service.* ».

On identifie ici deux approches clairement différentes. La première consiste à orienter le consommateur et Jean agit comme un facilitateur qui permet au consommateur de finaliser sa commande. La psychologie permet de guider l'utilisateur à travers un ensemble de tâches qu'on souhaite lui faire faire. Dans un deuxième temps, il y a le phénomène de dépendance et d'engagement vis à vis du site ou du service qu'on essaye de créer. On utilisera alors les théories de la psychologie sociale et notamment de l'engagement pour faire agir et consommer l'utilisateur. Céline (Bichope, 2015) reconnaît également utiliser la psychologie dans son travail :

- Antoine Monchecourt : donc, si je comprends bien ... vous utilisez la psychologie et la théorie de l'analyse transactionnelle quand vous créez un design ou une interface ?

- Céline Bichope : Et bien oui, c'est ça, c'est pour ça, qu'en fait, c'était assez intéressant de passer par cette école de psychologie qui est l'école d'analyse transactionnelle de Paris.

Notons ici que l'analyse transactionnelle n'est pas, pour moi, de la psychologie, mais plus une trousse à outils qui analyse les interactions entre les hommes, par rapport à leurs positions mentales (parents, enfants, ...). On peut très largement douter de l'efficacité de l'analyse transactionnelle en comparaison à des approches académiques des sciences de la psychologie (Chandezon & Lancestre, 1982, p. 118) Même des approches théoriques émergeantes, comme l'approche lakanienne, ont bien du mal à émerger. L'analyse transactionnelle est une trousse à outils facile à utiliser et à acquérir, mais ne permet pas de prétendre faire une science qu'est la psychologie.

Céline (Bichope, 2015) se sert donc de sa vision de la psychologie, pour créer des interfaces pour les utilisateurs avec un parcours :

« Oui, en effet ... il y a des choses en psychologie ... moi aussi, je fais de la psychologie sur tout ce qui est sur le fonctionnement du cerveau par exemple. Pas dans un but de manipuler, mais tu as un certain nombre de lois comme les lois de la Gestalt ou la loi de proximité et de similarité ; ça, c'est pas dans un but de faire de la manipulation [...] ».

Céline utilise donc des théories issues de la psychologie, cette fois académique, pour réaliser ses interfaces. La gestalt est la psychologie de la forme. Son action est donc de prendre ces théories issues de la psychologie pour créer une interface efficace, mais pas pour engager des visiteurs, en tout cas, elle n'a pas abordé ce point ... Jacques (Domoll, 2015) nous parle également de l'aspect psychologie dans l'UX Design :

> « [...] oui, il y a de la psychologie, je vais encore m'appuyer sur l'exemple du e-Commerce. Si on cherche à comprendre pourquoi un produit ne se vend pas, malgré son bon positionnement en prix et que vous avez fait tout ce qu'il fallait, c'est peut être que dans la page que vous proposez, manquent des éléments qui vont s'attaquer à la psychologie à un type d'utilisateur On va de toute façon s'intéresser aux émotions des utilisateurs, surtout à celles qui sont négatives et qui vont l'empêcher d'avoir confiance. On vérifie d'avoir les mentions de paiements sécurisés ; ça peut sembler rabat–joie, mais si elles n'y sont pas, ça va lui sembler suspect et il ne va pas acheter. Tout ça contribue à ne pas lever les doutes. Donc cette dimension psychologique est intéressante et ce n'est pas pour l'influencer, c'est pour le rassurer ! Ce n'est pas de la manipulation contrairement à ce que vous évoquiez dans votre email. La démarche et la vision UX est d'une très grande honnêteté intellectuelle [...] ».

Lui aussi parle de la psychologie de premier niveau dans la partie navigation. Il crée une émotion positive qui permet de rassurer et de mettre en bonnes conditions pour effectuer un achat. Il réfute toute tentative d'influence et parle de rassurer. Pourtant, utiliser la psychologie pour rassurer et vendre un produit, c'est bien la définition de l'influence. On constate une fois de plus le manque de perception critique que les professionnels ont sur leurs pratiques professionnelles. Stéphanie (Langer, 2015) elle parle de la psychologie cognitive :

> « […] on ajoute une composante moins palpable qui est de l'ordre de l'émotionnel, donc de la psychologie et des sciences cognitives, c'est de la psychologie cognitive. Dès qu'on va s'adresser à l'affect de l'individuel, il est nécessaire de le connaître pour savoir où « taper » pour s'adresser à son affect […] ».

Elle parle aussi de la psychologie de premier niveau, qui va permettre de guider et visiblement de toucher son affect, certainement le côté affectif d'une personne. On le voit ici très clairement : tous les professionnels interrogés décrivent des pratiques de la psychologie pour d'une part créer des ambiances facilitatrices pour le navigateur et les objectifs communicationnels (on essaye de les toucher affectivement), et pour d'autre part atteindre des objectifs plus globaux de fidélisation et parfois d'addiction, par l'utilisation de la psychologie.

Je pense que la première partie dont nous parlons, qui est de faciliter la navigation par la psychologie, est directement liée à l'aspect expérientiel de l'UX Design. En effet, si on voit le site Internet comme une expérience, il est important de traiter l'aspect psychologique plus que le côté esthétique ou technique, même si ces composants feront forcément partie du processus de création de l'outil numérique.

Nous allons maintenant étudier la première et la seconde approche. Dans la première, il s'agit de l'utilisation de la psychologie dans la communication, sans tomber dans l'aspect manipulatoire. Nous verrons ensuite cet aspect de l'engagement des utilisateurs dans des processus de manipulation.

2.1 - La « *psycommunication* » du numérique

S'il y a bien un phénomène que l'on peut observer en France ou dans d'autres pays, c'est la volonté de certaines personnes à voir la communication sous l'aspect persuasif et donc en mettant au cœur de leurs raisonnements la psychologie. Cela va sans dire que la psychologie fait partie de la communication, mais son rôle n'est pas central et déterministe. Pourtant de nombreuses conférences en Europe et aux USA mélangent psychologie et performance, conversion, …

Pour s'en rendre compte, il suffit d'aller sur le site Internet de la très médiatique Nathalie Nahai qui s'autoproclame psychologue du Web et c'est d'ailleurs le nom de son site (Nahai, 2015). Nathalie intervient dans une vingtaine de conférences en 2013, ayant pour thème l'apport de la psychologie dans la communication numérique. Elle a même écrit un livre intitulé « webs of influence – the psychology of online persuasion – the secret strategies that make us click. ». Nous le voyons bien : tout ceci est très médiatique et se trouve dans un courant de pensée globale et axée sur la performance et l'apport de la science au domaine du numérique. Sauf que contrairement au titre du livre, la science n'est absolument pas une stratégie secrète, bien au contraire. Constatons ici une dérive importante qui n'est absolument pas liée à l'UX Design, mais bien à une façon de concevoir le numérique de demain avec des outils du domaine de la psychologie. Nathalie Nahai publie également énormément de vidéos qui tournent autour de l'usage de la psychologie dans les outils numériques et surtout qui expliquent comment persuader les individus de cliquer et ainsi augmenter *in fine* les bénéfices des entreprises.

Difficile de vérifier si sa méthodologie permet réellement de persuader des personnes de cliquer. A titre personnel, je fais plus facilement confiance aux documents scientifiques et aux chercheurs en psychologie sociale ou en sciences du comportement pour ce genre de choses, plutôt qu'à une psychologue qui a découvert l'usage de la psychologie pour Internet. Quand on feuillette le livre de Nathalie Nahai sur l'aperçu gratuit d'Amazon, on constate qu'il s'agit surtout de ce que nous appelons en France la sémiotique. Elle y traite l'importance des couleurs, des images, des vidéos, …

C'est exactement ce que fait Jean sur son site Internet en France, mais dans une dimension axée UX Design. Cette dimension ajoute donc à son approche psychologique toute la structure et méthodologie de l'UX Design (Yharrassarri, Psychologie, 2015). Même s'il parle des théories de l'engagement, il ne les détaille pas sur son blog. On peut y trouver l'article sur les lois de la Gestalt, comme nous l'avons vu dans les entretiens en introduction. Le contenu du site donne quelques théories du domaine de la psychologie qui permettent aux professionnels d'inclure un peu de psychologie dans leur approche de conception d'interface.

L'UX Design et son approche très axée sur la psychologie semblent rejoindre un courant de pensée qui consiste à prendre la psychologie appliquée au numérique, comme une boite à outils, voire comme des stratégies secrètes, dans le cas de Nathalie Nahai, qui permettent d'obtenir des résultats miraculeux sur Internet. Même si la psychologie facilite largement la navigation et qu'elle contribue à créer un climat favorable et propice à l'achat ou l'utilisation d'un service, elle ne suffit pas à communiquer sur Internet. Quand on voit le succès de Nathalie Nahai, on peut comprendre pourquoi l'UX Design rencontre un tel succès aux USA et en Europe.

2.2 - La mort de l'information en psychologie sociale

Quand on entre dans le domaine de la psychologie sociale, on entre dans un domaine où l'information n'a pas de place. Soyons clair, si l'objectif est de générer des comportements d'achats ou d'utilisation d'un service, comme le prétend Jean, alors les sciences de la psychologie sociale ont prouvé que l'information était inefficace et ne créait aucun changement de comportement.

Le projet Hutchinson aux USA est une première mondiale, puisqu'il a modifié la façon dont les gouvernements à travers le monde communiquaient au sujet du tabagisme (Peterson Jr., Kealey, Mann, Marek, & Sarason, 2008). Cette expérience est remarquable par le nombre de personnes qui y ont participé. L'expérience a été réalisée pendant 15 ans de 1984 à 1999 sur 8 388 enfants du CE2 au BAC+2. Cette expérience consiste à faire une campagne de communication classique informative sur les risques du tabac, et de ne pas la faire au groupe de contrôle.

Cette expérience a mis en exergue que la campagne n'avait eu aucune efficacité, puisque le groupe de contrôle était autant soumis au tabagisme que le groupe qui avait reçu la campagne de prévention. Cela revient à dire qu'agir sur les idées, en communiquant une information, n'a pas d'effet durable. C'est pourquoi on agit sur les comportements, ce qui aura pour effet de modifier les idées des individus selon la théorie de la perception de soi (Bem, 1972).

2.3 - La psychologie sociale et l'engagement

Intéressons nous à la deuxième partie qu'évoquait Jean (Yassol, 2015) :

« Après, il y a des services, où l'on va s'assurer qu'il continue à utiliser le service et donc à continuer à commander sur le site et là, *on va essayer effectivement de le manipuler pour faire en sorte qu'il soit engagé vis à vis du service.* ».

Ce qu'évoque Jean, c'est l'engagement. Les recherches en psychologie sociale ont permis de créer un certain nombre de théories, notamment par Beauvois et Joules dans un livre qui a eu un très franc succès, obtenu par la remarquable vulgarisation scientifique qui a été faite (Joule & Beauvois, Petit traité de manipulation à l'usage des honnêtes gens, 2014). Ces techniques sont diverses et variées et s'appliquent au domaine de la vie de tous les jours. Pour aller dans le détail des techniques et avoir une approche plus scientifique, on pourra se référer à un autre ouvrage : *La soumission librement consentie* (Joule & Beauvois, La soumission librement consentie, 1998). Certaines approches sont utilisables immédiatement sur Internet, comme dans cet exemple (Joule & Beauvois, La soumission librement consentie, 1998, p. 160) :

« L'un des principes, le principe de naturalisation, consiste à tout faire pour resserrer le lien entre une personne et le comportement désirable, qu'on a pu obtenir d'elle, et de façon plus générale qu'elle a pu réaliser. Concrètement, il convient de s'arranger pour que la personne en vienne à croire que ses actes découlent de sa nature, et donc de ce qu'elle est au plus profond d'elle-même. ».

Il s'agit donc de jouer sur le locus interne d'une personne, afin de l'engager. La mise en application de ces travaux permet clairement de manipuler des personnes avec une très nette efficacité. On peut tout à fait créer un projet numérique qui exploite cette théorie et qui fera le lien entre les actions dans le projet numérique de l'utilisateur et de sa nature. Pour cela, il suffirait de travailler sur les textes des formulaires ou tout autre moyen d'interaction. Des théories d'engagement, il en existe beaucoup, elles sont toutes déclinables et peuvent s'utiliser entre elles, pour concevoir un parcours d'engagement dans un service ou sur un site marchand.

De tout temps, la psychologie sociale a traité la question de manipulation de masse. Gustave Le Bon a dressé les grandes lignes de la manipulation des foules et a même dit ceci (Le bon, 1895, p. 79) :

> « L'expérience constitue à peu près le seul procédé efficace pour établir solidement une vérité dans l'âme des foules, et détruire des illusions devenues trop dangereuses. Encore est-il nécessaire que l'expérience soit réalisée sur une très large échelle et fort souvent répétée. ».

Nous voyons ici l'importance de l'expérience dans la manipulation des actes et des pensées des publics. Une autre contribution importante est celle de Propaganda (Bernays, 1928) qui permet de voir aussi l'efficacité de certaines méthodes et qui sont valables des années plus tard. Quand le gouvernement américain a fait appel à Edgar Bernays pour convaincre l'opinion publique d'entrer en guerre contre les nazis, il a donné des points à aborder qui ont été de nouveau utilisés pour justifier l'entrée en guerre des USA contre l'Iraq. Ce qui est intéressant, c'est de constater, à travers ces œuvres, qu'en définitive le véritable pouvoir passe par la communication et la capacité à transformer l'opinion publique, donc à engager et convaincre.

Nous avons donc vu que les théories de l'engagement pouvaient servir à manipuler des personnes, comme le fait Jean dans sa pratique de l'UX Design. Pour aller plus loin, certains scientifiques ont adapté et validé l'efficacité de ces théories, mais directement sur les outils numériques, comme cela a été fait avec le marketing expérientiel. Dans le livre *Psychologie de la manipulation et de la soumission,* Nicolas Guéguen répertorie 80 ans de recherche sur la manipulation et la soumission. Cet ouvrage complète parfaitement celui de Beauvois et Joule, lequel est repris en grande partie. Il est intéressant de constater également l'impact du non-verbal dans l'influence comme le regard, le sourire et le toucher. Ce qui est intéressant, ce sont donc surtout les travaux appliqués au numérique de Nicolas Guéguen. Nous allons prendre deux exemples pour illustrer cela :

Une première étude concerne la sollicitation par email et l'impact de l'attrait physique du demandeur virtuel (Guéguen, Legohérel, & Jacob, Sollicitation de participation à une enquête par courriel : effet de la présence sociale et de l'attrait physique du demandeur sur le taux de réponse, 2003). Ils vont démontrer que l'attrait d'une personne en photo, a un impact significatif sur le taux d'ouverture et d'engagement de l'email. Si la personne est attrayante, il y a un impact positif très significatif et à l'inverse si la personne est peu attrayante, un impact négatif. Il s'agit de l'illusion de la présence du demandeur qui humanise la demande et engendrerait une réaction. Cette étude est surprenante de par son efficacité, qu'on ne saurait mettre en doute, mais aussi par sa précision.

La deuxième étude va se concentrer sur le sentiment de liberté que peut véhiculer un message, cette fois sur une sollicitation par email. Si dans l'email, le bouton s'intitule « Nouveau » on a alors 52,7 % de clics, s'il s'intitule « Cliquez ici », on en a 65,3 % et pour « Vous êtes libre de cliquer ici » on obtient 82 % de clics (Guéguen, Martin, & Fischer-Lokou, Sentiment de Liberté et Comportement de Soumission : deux expériences sur l'impact de l'évocation de la liberté d'un internaute à accepter une requête formulée par email, 2010). Dans un deuxième test sur 4 515 personnes, on a 28 % de clics sur « Consultez le programme », ce qui pourrait être un très bon taux de conversion sur une campagne email. Si vous modifiez le texte du bouton en « Consultez librement le programme », vous obtenez 53 % de clics, ce qui est exceptionnel comme taux de conversion.

Compte-tenu de ces résultats, il est très intéressant de jouer sur ces formulations pour optimiser ses retours de campagnes. Et ce ne sont que des exemples pris sur le nombre de publications scientifiques qui sont diffusées. Pour se rendre compte de l'étendue des techniques de manipulation qui existent dans la consommation, Olivier Corneille a écrit un ouvrage tout aussi remarquable *Nos préférences sous influences* (Corneille, 2010). Il allie théorie de la psychologie et exemples. A titre personnel, je l'ai même trouvé plus pédagogique que les livres destinés aux étudiants en psychologie, que j'ai lus. Il explique notamment la théorie de dissonance cognitive qui est la théorie, mise en avant par Céline, Stéphanie, Jacques et Jean, quand ils parlent de cognitif dans l'approche de l'interface.

Cette théorie, c'est Festinger[52] qui l'a étudiée chez Mme Keech à Chicago qui prétendait que les extraterrestres lui envoyaient des messages. Elle réussit à convaincre des personnes qu'elle les entendait réellement et qu'un vaisseau allait venir la chercher pour la sauver, elle et les personnes qui seront avec elle. Festinger a immédiatement rejoint le groupe pour l'étudier. La date du 21 décembre 1954 était donnée. Comme on pouvait s'en douter, les extraterrestres n'arrivèrent pas et le groupe en conclut simplement que « Dieu avait décidé de sauver le monde de la destruction » (Corneille, 2010, p. 110). Ce sont

---

[52] Festinger était l'élève de Kurt Lewin, dont nous avons parlé au sujet du démocratisme lewinien. Lewin était un spécialiste de la dynamique des groupes.

ces observations qui permirent de créer la théorie de la dissonance cognitive et Festinger mit en évidence que la différence entre les croyances et les actes créent une dissonance qui faisait souffrir une personne. Pour bien comprendre, il faut prendre l'exemple du fumeur. Je sais que c'est mauvais de fumer (croyance) mais je fume (acte). J'ai donc une belle dissonance. Cette dissonance, pour la supprimer ou l'atténuer, j'ai 3 choix : j'arrête de fumer, mais ce n'est pas toujours possible, je nie que je fume (bascule dans la folie) ou je crée des cognitions consonantes (fumer aide à la concentration, c'est un facteur d'intégration sociale, ce sont les autres qui meurent, je peux avoir un cancer sans fumer, ...).

C'est ce genre de théorie qui est utilisée pour réfléchir au parcours d'un utilisateur sur un projet numérique dans le cadre du travail de Jean. Et c'est un véritable travail de psychologue. Cette théorie ouvre un paradigme dans le domaine de la psychologie et les chercheurs en psychologie sociale viennent créer leurs propres recherches sur la manipulation, en utilisant cette théorie. La dissonance cognitive ne sera toutefois pas conservée comme théorie de référence absolue et évoluera vers de nouvelles théories, comme celle de la perception de soi (Bem, 1972). La théorie de la conscience de soi se rapproche beaucoup plus de ce que nous avons étudié sur marketing expérientiel, étant basé sur les travaux du psychologue Csikszentmihalyi. D'ailleurs dans le livre *Conscience de soi et régulations individuelles et sociales* (Auzoult, 2012, p. 35) l'auteur cite les travaux de Csikszentmihalyi dans des travaux encore antérieurs à sa théorie, mais il dit :« dans le quotidien, l'élévation de la conscience de soi est associée à une diminution de l'engagement et à des émotions négatives, mais uniquement lorsque les activités quotidiennes en jeu sont volontaires pour les personnes concernées. ». On voit que ces deux courants de théories se croisent avec, d'un côté, l'aspect marketing, dont le terrain est l'entreprise, et, de l'autre, l'aspect psychologie sociale où le terrain est l'humain. Précisons au passage que ce livre est une source de connaissances phénoménales pour la réalisation de processus expérientiels et pour envisager les relations au sein d'un groupe.

La psychologie a toujours fait partie de la publicité. Comme le souligne le livre *Publicité et psychologie* (Blanc & Vidal, 2009, p. 29) :

> « Le paradigme cognitif est aujourd'hui le paradigme dominant sur lequel s'appuient les travaux menés en psychologie publicitaire. Grâce aux avancées méthodologiques et théoriques, un glissement s'est opéré vers les processus non-conscients qui influencent le comportement du consommateur. ».

Pour mesurer l'impact d'une publicité, on peut se référer à cet article (Courbet, Lavigne, & Vanhuele, 2008). J'entends souvent me dire que la publicité sur Internet ne marche plus, car les gens ne les regardent pas. Dans cette expérience, les chercheurs ont mis en évidence, avec un système d'oculométrie qui fait disparaître les publicités dès qu'on les regarde, qu'elles sont donc bien présentes, mais que la personne ne peut pas les regarder. Et bien leur présence dans le champ visuel périphérique a une influence sur la perception qu'ont les personnes des marques. Cela signifie que même si on ne les voit pas, les publicités nous influencent.

L'utilisation de la psychologie pour engager les utilisateurs est déjà très répandu et n'est pas une nouveauté de l'UX Design. Ce qui est une nouveauté, c'est la banalisation et la démocratisation de ces pratiques. La banalisation de ces méthodes engendrera un phénomène de réactance psychologique qui produira l'effet inverse à l'effet supposé (Brehm, 1966). Les solutions de consommation en circuit court, l'essor des produits locaux sont une illustration de ce phénomène de réactance. On peut imaginer, sans toutefois l'affirmer, que la communication numérique suive un jour une révolution identitaire et se réorganise, si les professionnels de la communication généralisent l'utilisation à outrance de la psychologie sociale dans les projets.

Conclusion :

Comme nous venons de le voir, l'UX Design intègre une partie psychologique importante, qui semble faire partie intégrante d'un effet de mode. Nous distinguerons cependant les psychologues des professionnels qui font de la psychologie, sans en avoir le diplôme. Cette distinction, nous a permis de donner deux types de pratiques : Il y a d'abord la pratique qui consiste à mettre en place un univers positif qui rend la navigation propice. Il s'agit avant tout de rassurer et d'amadouer le consommateur ou l'utilisateur. Il y a ensuite une pratique beaucoup plus scientifique qui consiste à manipuler les utilisateurs et les consommateurs. Cette pratique vient de la psychologie sociale qui dresse un état de l'art, permettant aujourd'hui à un psychologue de concevoir des interfaces engageantes et des processus addictifs dans les usages.

Nous avons vu que les théories de l'engagement en psychologie sociale sont très liées à celles du marketing expérientiel. L'usage concordant de ces deux approches peut être très efficace et de cela on ne peut pas douter. Ces procédés font qu'une application ou un service à l'échelle internationale fonctionne ou pas. Le problème étant que ces pratiques créent une norme insidieuse dans la communication numérique. Comment rester alors concurrentiel sans appliquer ces théories ? Ces pratiques ne sont pas uniformément réparties sur la planète, mais la concurrence fait qu'elles s'uniformisent. LinkedIn et Viadeo, son concurrent français, recrutent tous les deux des UX Designers, si on regarde leurs offres d'emploi. La course est lancée. Ceci nous amène à la prochaine partie qui traite d'une part de l'euphémisation des pratiques de communication dans l'UX Design, afin de proposer une introduction à la question de l'éthique.

3 - Autorégulation des pratiques

"Toute activité orientée selon l'éthique, peut être subordonnée à deux maximes totalement différentes et irréductiblement opposées : l'éthique de responsabilité ou l'éthique de conviction." Max Weber, sociologue

Nous l'avons vu, l'UX Design consiste à utiliser des pratiques de psychologie et même de psychologie sociale. L'approche expérientielle directement issue du marketing expérientiel consiste à immerger l'utilisateur ou le consommateur dans un processus intellectuel qui lui procure du plaisir avec des objectifs addictifs. Le principe d'incubation crée une cobayisation des utilisateurs et un phénomène d'engagement dans l'expérience socioconstructiviste. La rationalisation et la normalisation de tous les procédés de conception donnent un axe très stérile au processus de conception qui devient, de fait, totalement orienté vers la performance et plus du tout vers l'instinct du communicant. Ces pratiques professionnelles sont toutes intéressantes et passionnantes, mais les questions d'éthique, qui y sont liées, sont très importantes. Nous allons maintenant voir la façon dont ces pratiques sont parfois euphémisées et la façon dont les professionnels interrogés parlent d'éthique.

3.1 - Euphémisation des pratiques,

Quand on interroge 34 professionnels de la communication de façon totalement anonyme et qu'on leur demande si c'est éthique d'utiliser la psychologie sociale dans les projets de communication, la réponse est assez claire : 61 % soit la majorité pense que oui. Quand on leur demande s'ils pensent que c'est avantageux d'utiliser les techniques de manipulation, issues de la psychologie sociale, on passe à 76 %. L'idée n'est pas de déprimer le lecteur sur l'éthique du métier de communicant. Rappelons-nous ce que nous dit Jean, quand il dit que bien souvent les personnes ne font pas ce qu'elles disent. Pour connaître le véritable chiffre, il aurait fallu se faire passer pour un client qui leur commande un système manipulatoire et leur demande un devis. Cela donne quand même une idée de ce que pensent de l'éthique les personnes interrogées, même si à la dernière minute elles peuvent toujours changer d'avis.

Quand on analyse le discours de tous les professionnels interrogés, il n'y en a pas un seul qui n'a pas minimisé ou euphémisé ses pratiques professionnelles. Comment expliquer que d'un côté, la majorité accepte ces pratiques anonymement, mais que, quand on doit donner son nom, il y a euphémisation ? Je pense justement qu'il y a un sujet tabou en France au sujet de la psychologie. C'est en tous cas ce que pense Jean (Yassol, 2015) :

> « Effectivement les gens, non seulement en terme de psychologie, ont une idée fausse de la psychologie, ils se rapportent toujours à la psychologie clinique et souvent pathologique, on va dire, et donc il ne connaissent absolument pas toutes les disciplines de la psychologie

... il y a la psychologie cognitive, la psychologie sociale et toutes les expériences qui ont été menées sur ces domaines et toutes les connaissances qu'on a et donc, il y a une peur de l'inconnu et une méconnaissance ... après, on est dans une culture, et cela je vois aussi avec l'extension de l'UX, ; qui est dirigée par ... enfin une société qui est dirigée par des gens qui ont fait soit des écoles de commerces, soit des écoles normaliennes ! Vous regardez toutes les entreprises : ce sont des gens qui sont issus de ... HEC ou polytechnique, soit, après, central et compagnie ... donc si vous prenez une entreprise comme Orange : c'est une entreprise dirigée par des polytechniciens et dans ces écoles d'ingénieurs, il n'y a absolument pas de formation sur tout ce qui est facteur humain au sens large ! Donc ils ont des connaissances scientifiques très poussées, mais ils n'ont pas de prise en compte du facteur humain ... En revanche, dans la culture anglo-saxonne, le facteur humain est beaucoup plus présent, en partie apporté par leur formation ! Et il n'y a pas nécessairement cet élitisme ... voilà ... du franco-francais des grandes écoles de commerce et d'ingénieurs, ce qui fait qu'ils sont peut-être plus souvent, tout simplement. ».

Jean, au delà de son discours sur l'élitisme dont le lecteur sera le seul juge, parle de la psychologie comme d'une discipline très souvent mal comprise et sujette à tabous. Selon lui, les français, en général, pensent tout de suite à la pathologie et on a donc du mal à la concevoir dans la communication en général. Il semble également qu'il retrouve ce type de comportement avec certains dirigeants, mais il l'exprime différemment ou, en tout cas, le perçoit différemment. Son discours sur l'élitisme français semble justifier une mauvaise perception, mais n'écarte pas la perception de la psychologie, en elle-même, par certains dirigeants.

Stéphanie (Langer, 2015) semble confirmer cette approche culturelle :

> « Dès qu'on va s'adresser à l'affect de l'individuel, il est nécessaire de le connaître pour savoir où « taper » pour s'adresser à son affect ; c'est dans ce sens qu'aux Etats-Unis, on parle de manipulation et que nous, en France, on va prendre des pincettes et parler de façon un peu plus mesurée.».

Cette approche semble assez claire et donne tout son sens au mot que j'ai choisi d'utiliser :« euphémiser ». Analysons maintenant comment chaque professionnel a choisi de mettre un bémol à ses propos, même quand son positionnement était très clair. Prenons d'abord le cas de Jean (Yassol, 2015), qui commence son argumentaire par ceci :

> « alors manipulation … ce n'est peut-être pas tout à fait le terme … mais dans certains cas, c'est un peu de la manipulation ! ».

Il nous dit que ce n'est pas le terme, mais que c'est un peu de la manipulation. Puis il déroule son explication :

> « Effectivement, on a toujours un objectif à atteindre. En ergonomie ou en UX, on définit toujours une tâche à effectuer pour un utilisateur dans un contexte donné avec un outil bien particulier … voilà ! Donc il y a toujours ce triptyque « tâche / utilisateur / faire » donc voilà … avec un test utilisateur qu'on fera sur des utilisateurs tests pendant la réalisation. Après, si c'est un site e-Commerce comme Sosh, l'objectif est clair : c'est celui de faire réaliser un achat, donc on va effectivement faire en sorte qu'il commence à la page A pour finir à la page Z. Et on veillera à ce qu'il finisse sa tâche et on va s'assurer que rien ne pourra le freiner dans son avancée jusqu'à passer sa commande au caddie … c'est un peu l'objectif et c'est un premier niveau où l'on va s'assurer qu'il commande. *Après, il y a des services, où l'on va s'assurer qu'il continue à utiliser le service et donc à continuer à commander sur le site et là, on va essayer effectivement de le manipuler pour faire en sorte qu'il soit engagé vis à vis du service.* »

Et il finit par nous expliquer clairement qu'il a l'objectif de manipuler l'utilisateur. Il a donc bien cherché à minimiser le mot « manipulation » de façon tout à fait naturelle, pour finir par reconnaître en définitive que c'est bien de la manipulation. Dans les professionnels interrogés, le cas le plus évident est celui de Céline (Bichope, 2015). Céline commence l'entretien comme ceci :

> « Quand j'ai lu ton email pour l'interview, ce qui m'a beaucoup dérangée, c'est que tu parles de psychologie ... Oui, mais non, y'a aucune psychologie dans l'UX design. ».

Le principe est donc posé : il n'y a aucune psychologie dans l'UX Design. Mais je la provoque puisqu'elle me dit qu'elle est la seule à enseigner l'UX Design à Bordeaux dans 7 écoles. Je me dis qu'elle devra garder la face, vis à vis de moi, et je lui dis que j'ai interrogé un psychologue qui est UX Designer afin de voir sa réponse. Elle s'est de suite très énervée, non pas contre moi personnellement, mais elle a eu un comportement névrotique de quelques minutes, allant même jusqu'à tenir des propos antinomiques dans un premier temps :

- Antoine Monchecourt : J'ai interviewé un autre professionnel de l'UX, qui lui est psychologue de formation
- Céline Bichope : oui, Ok c'est quoi, il n'est pas psychologue ? oui, ok c'est bon, il est psychologue et donc ?

Notons ici la négation immédiate de ce que je viens de lui dire, puis la prise de conscience de l'impossibilité de nier l'évidence en quelques secondes. Je vais donc la pousser encore un peu plus dans ses retranchements et lui expliquer que ce psychologue travaille pour Orange, pour donner du crédit à son existence et à ses pratiques.

- AM : et donc lui, applique des courants théoriques de la psychologie, comme la dissonance cognitive et la Gestalt dans la création d'interfaces. Donc, lui, utilise clairement la psychologie dans son travail et il travaille d'ailleurs pour Orange à Paris.
- CB : mais il fait quoi comme psychologie (énervée) ? Il fait quoi ? C'est de la PNL ?
- AM : non, c'est de la psychologie justement, la discipline en général. Donc, il explique la théorie …
- CB : il n' a pas de spécialité particulière ?
- AM : non, c'est un psychologue avec le titre officiel et il utilise les théories de la psychologie pour créer des interfaces, tout en mettant l'utilisateur au centre de la réflexion, il fait de l'UX Design selon lui …
- CB : mais il n' est pas UX Designer ?
- AM : bah, en tout cas, lui dit qu'il l'est

A ce niveau, on constate très clairement que Céline n'a aucune connaissance sur la psychologie et le métier de psychologue. Elle pense tout de suite à la PNL[53]. Elle va le dire d'ailleurs avec une phrase devenue culte pour moi :

---

[53] Cela signifie programmation neuro -linguistique. Cette pratique est comparable à l'analyse transactionnelle, nous l'avons vu précédemment, le champ de la psychologie académique est plus vaste que les boites à outils disponibles pour percevoir les comportements humains.

- CB : Bah non … c'est une erreur ; *c'est pas parce que tu es psychologue, que tu fais de la psychologie.* Oui, en effet … il y a des choses en psychologie … moi aussi, je fais de la psychologie sur tout ce qui est sur le fonctionnement du cerveau par exemple. Pas dans un but de manipuler, mais tu as un certain nombre de lois comme les lois de la Gestalt ou la loi de proximité et de similarité ; ça, c'est pas dans un but de faire de la manipulation, enfin si bien sur, on peut tout faire et n'importe quoi.

Il est encore une fois intéressant de constater qu'elle nie l'évidence, mais ce qui est intéressant, c'est que maintenant elle fait de la psychologie, contrairement à ce qu'elle nous disait en introduction. Et dans un souci de crédit vis à vis de Jean, la discussion tournera sur son école d'analyse transactionnelle de Paris. Finissons sur cette citation qui n'était pas l'angle d'attaque de Céline au début de la discussion :

- Antoine Monchecourt : donc, si je comprends bien … vous utilisez la psychologie et la théorie de l'analyse transactionnelle quand vous créez un design ou une interface ?
- Céline Bichope : Et bien oui, c'est ça, c'est pour ça, qu'en fait, c'était assez intéressant de passer par cette école de psychologie qui est l'école d'analyse transactionnelle de Paris. Tu as 4 volets par lesquels tu peux faire cette école : moi, j'ai pris le pendant psychothérapie, mais tu as aussi l'AT appliquée aux organisations, à l'éducation et à un

truc qui s'appelle le coaching entre les pros et le perso u entre les deux, mais c'est une gestion un petit peu différente. Donc, oui, effectivement, l'analyse transactionnelle me sert, mais il y a aussi toutes les avancées scientifiques en neurosciences qui permettent aujourd'hui de comprendre comment fonctionne le cerveau et plus je comprends l'être humain, plus je peux y répondre.

-   AM: d'accord …

Le nom « psychothérapeute » peut être utilisé par tout le monde, il n'est pas protégé, contrairement au titre de psychologue. Jacques (Domoll, 2015), lui aussi euphémise légèrement l'impact de la psychologie :

> « Tout ça contribue à ne pas lever les doutes. Donc cette dimension psychologique est intéressante et ce n'est pas pour l'influencer, c'est pour le rassurer ! Ce n'est pas de la manipulation contrairement à ce que vous évoquiez dans votre email. La démarche et la vision UX est d'une très grande honnêteté intellectuelle et on va chercher vraiment à être au plus près de l'utilisateur […] ».

Nous en avons déjà parlé dans la partie précédente : ne pas lever de doutes, rassurer, n'est donc pas manipuler, selon Jacques. Selon moi, le fait de rassurer et de ne pas lever de doutes, influence forcément et est donc un des principes de la manipulation. Les codes du commerce ne donneront cependant pas totalement tort. Stéphanie (Langer, 2015) a tout de suite accepté le terme psychologie, tout comme Jean, car une de ses associées fait une thèse en psychologie. Il aurait été difficile de justifier le faible impact de la psychologie. Elle euphémisera ses propos sur des fins de phrase comme celles-ci :

> « Ils vont avoir une vision un peu moins centrée sur le fond et plus sur l'usage, dans le sens très large et là en effet, il y aura une composante manipulation, même si je n'aime pas ce terme très connoté. ».

La psychologie et la manipulation sont de véritables sujets tabous dans l'UX Design, même pour des professionnels qui le portent dans leur identité personnelle comme Jean ou dans l'identité de leur entreprise comme Stéphanie. Certains même le nient pour finir par s'en vanter. Comment pourrions-nous parler d'éthique si les professionnels eux-mêmes ne reconnaissent pas avoir ces pratiques ? La façon la plus simple de ne pas parler d'éthique est de masquer ou de nier certaines pratiques.

3.2 - Introduction à la question de l'éthique

J'ai choisi cette citation de Max Weber en début de partie, car elle illustre, selon moi, ce qu'est l'éthique. Pour Max Weber, elle est à la rencontre entre deux sous-éthiques totalement opposées : l'éthique de conviction et l'éthique de responsabilité. L'éthique de conviction représente forcément les valeurs qu'on voudrait avoir ou qu'on possède déjà à travers des actions. En revanche, l'éthique de responsabilité est l'éthique qu'on doit adopter sous-couvert de ses obligations. S'opposent alors deux grandes forces, comme le souligne Max Weber : il y a ce qu'on veut être et ce qu'on doit être par la force des choses. Ces deux forces sont au cœur de la réflexion et des pratiques professionnelles de chacun. C'est le libre-arbitre qui fixe la trajectoire avec le risque de faire ce qu'appelle Watzlawick « un peu plus de la même chose » (Watzlawick, Helmick Beavin, & Jackson, Une logique de communication, 1972) (Watzlawick, Le langage du changement, 1980) ou ce que Bem appelle la perception de soi (Bem, 1972). Le professionnel qui franchit la ligne, la franchira toujours. Regardons maintenant où les professionnels interrogés mettent la ligne, car ils ne la mettent pas tous au même endroit. Le plus clair est Jean (Yassol, 2015) :

« Bah, en faite, je pense que la limite est fixée par la loi et qu'il faut arrêter de se poser des questions … quoi ?! C'est pareil, vous pouvez utiliser effectivement les théories de l'engament … et même les sectes utilisent très bien les théories de l'engagement … mais il y a des lois contre les sectes, il y a des lois contre l'escroquerie, il y a des lois contre la manipulation et je trouve ça bien … après, sur une vente forcée, vous avez un délai de réflexion de 15 jours pour éviter les ventes forcées tout simplement ! La loi existe déjà, donc pour moi, il n'y a pas de question éthique à se poser et si vous êtes dans un cadre légal, pourquoi ne pas l'utiliser, pour profiter de tous les moyens dont vous disposez et de toutes les connaissances que vous avez ... pour vendre au mieux votre service. La question n'est pas le niveau de connaissances, d'ailleurs les chercheurs se basent toujours sur des modèles éthiques, mais c'est que si demain vous envoyez une fusée sur la lune, ce sont les mêmes connaissances pour effectuer une bombe nucléaire ! Tout simplement ... ».

Selon lui, l'éthique est un faux problème, car il y a la législation. Cela ne me satisfait pas, car il reconnaît donc que tous les coups sont permis tant que c'est légal. Et puisque le professionnel ne se limite pas, par respect pour l'humanité, il y a besoin de lois pour contrôler. Cette pénalisation n'a qu'un très faible impact sur les pratiques et n'est pas responsabilisant pour les professionnels.

Par cela même, il déplace le problème de l'éthique à un autre niveau que lui-même. En psychologie, on appelle cela un locus de contrôle (Rotter, 1990). Ce concept est très intéressant et il mérite qu'on s'y intéresse quelques secondes. Un locus interne implique que vous rapportez tout ce qui vous arrive à vous-même, à vos agissements et à vos responsabilités. Un locus externe vous pousse à rapporter ce qui vous arrive à autre chose que vous–même, comme à la chance, la fatalité, le déterminisme ou une puissance extérieure. Pour cet aspect éthique, il est évident que Jean a un locus externe. Il y a donc cette question du locus de contrôle dans la question de l'éthique. Il va sans dire qu'une personne qui a un locus plutôt externe, aura plus de mal à traiter la question de l'éthique. Plus généralement, il y a la question de la perception du pouvoir qu'a le professionnel de ses propres pratiques qui influencent son travail. Ce positionnement de Jean a d'ailleurs fait crier Céline (Bichope, 2015) :

- Antoine Monchecourt : [...] Par exemple, au niveau de l'éthique, le psychologue dont je vous parlais, n'a qu'une seule règle éthique : « tant que c'est légal, c'est possible ».
- Céline Bichope : Ho la vache !!! Non, mais la vache.... d'où il sort ce type ? C'est pas comme ça qu'on fait de l'UX ! mon dieu !!. Comment il peut dire qu'il est orienté utilisateur ? C'est impossible, il va à l'encontre de ça ! Tu ne peux pas me prendre ce genre de personne comme exemple ! Ou tu le prends pour dire que c'est horrible. Mais t'imagines même pas ! Je ne sais pas qui est ce type ! Très bien, il est psychologue, super.... Non, c'est pas ça ... Enfin ... Enfin ... non c'est pas ça quoi « tant que c'est légal » non, mais d'où il sort ?
- AM : je lui ai posé la question très sincèrement ... et comme je vous l'expliquais, la législation lui donne la limite de son champ d'action et pour lui, c'est impossible de ne pas être éthique en respectant la loi.
- CB : Oui, c'est facile, c'est très très facile de se retrancher derrière les lois et puis alors... c'est très très facile. Cela n'a rien à voir avec ça, c'est pile l'inverse : être orienté utilisateur, ça veut dire : remettre l'humain au centre d'une interface [...]

Notons ici de façon très caractéristique la divergence de définition de l'UX Design des différents professionnels. Pour Céline, il s'agit de mettre l'humain au centre, alors que pour Jean, l'humain doit vivre une expérience. Il y a en effet, dans l'UX Design, ceux qui pensent qu'il faut mettre l'humain au cœur du projet et ceux qui mettent l'expérience au cœur du projet. La définition de Jean ne plait pas plus à Céline qui semble avoir une vision plutôt humaniste de l'UX Design, en tout cas, elle priorise l'utilisateur (Ibid.) :

> « Moi, il y a un truc que je dis aujourd'hui en tant que UX designer : « je ne travaile pas pour mon client, mais pour les clients de mon client » et si mon client me dit : « non, moi je veux du bleu, c'est beau le bleu », je lui réponds : « attendez … le bleu a quel impact sur les utilisateurs? pourquoi est-ce cohérent avec le domaine ou l'émotion qu'on veut créer ?» ; donc, on en revient toujours aux utilisateurs. Je suis dans un triangle, je ne suis plus deux dans la méthode de travail avec le client, je suis trois avec l'utilisateur. J'ai même détourné la démarche mobile first en disant : « voilà, en UX design c'est Design First » : d'abord l'u-ti-li-sateur, toujours et toujours ! ».

Même si dans les faits, il est très dur d'avoir le luxe de dire non à un client, Céline a une éthique de conviction très forte. Reste à savoir si elle peut refuser un contrat, alors qu'elle a une famille à nourrir. Cet aspect, Stéphanie (Langer, 2015) nous en parle :

«Si demain, on me propose de vendre des cigarettes en ligne avec une expérience client optimisée, sauf si demain j'ai pas le choix car je dois manger, aujourd'hui ma boite n'est clairement pas positionnée sur ce genre de projets et c'est un choix de ma part … après, j'ai travaillé un peu dans le e-Commerce à faire des études ergonomiques, par exemple venteprivée.com qui voulait analyser toute la partie et quand la commande se passe mal et que les clients veulent se plaindre, j'ai fait mon analyse pour eux et on était clairement sur de l'ergonomie d'interface, sans parler d'UX et … je fais mon test et je leur montre ce qui vient du terrain et je leur dis : « sur le terrain, les gens nous disent qu'il est très compliqué de vous contacter par téléphone », or, c'est le téléphone que les gens plébiscitent le plus parce que, quand ils ont un problème, ils ont envie de parler à quelqu'un, plutôt que d'envoyer un message. En face, ils ont dit : « d'accord, mais nous, délibérément, on ne mettra pas le numéro de téléphone sur le site ». Moi, j'ai fait mon devoir de conseil, après … je m'arrête là. *Après c'est compliqué quand ce sont les gens qui nous payent et qu'on en a besoin pour vivre.* Chaque personne a sa vision individuelle des choses et sa conscience professionnelle avec ses propres limites. ».

Cette explication de Stéphanie reprend la citation de Max Weber. Elle se retrouve opposée entre l'éthique de conviction et de responsabilité. Toutefois notons que l'obligation envers sa famille, celle de subvenir à ses besoins, serait clairement plus importante que l'éthique dans sa pratique professionnelle. Et puis, il y a cette phrase intéressante, sur laquelle elle conclut : (Ibid.) :

> « S'il n'y a qu'une ergonomie IHM, ce sera très utilisable, mais pas très beau, si vous ne mettez qu'un graphiste, ce sera très beau, mais pas compréhensible, si vous ne mettez qu'un marketeur, on pourra acheter, mais on ne saura pas trop quoi, ni ce qu'on a fait, donc voilà ... je pense qu'il faut tous ces gens ensemble et que c'est ça l'UX et alors chacun va avoir son éthique. Et il y aura plus de chances que ça ne déborde pas trop. *Après, y'a pas mort d'homme, tant qu'on est sur de la vente de téléphone.* ».

La valeur du produit impacterait l'éthique d'un professionnel ? Pour moi, ce n'est pas envisageable, mais certains professionnels semblent le croire. Certains professionnels pensent donc que la manipulation est éthique en fonction du prix du produit.

L'éthique est le curseur que met chacun entre éthique de responsabilité et éthique de conviction. Chacun est maître de ce curseur et il est de la responsabilité de chaque professionnel, car les pratiques sont interdépendantes, comme nous l'avons vu. C'est l'action de chacun qui donne une image d'un métier.

Conclusion

Traiter de la question des pratiques professionnelles dans un métier qui utilise la psychologie, l'engagement, l'expérience et la cobayisation n'est pas une chose simple. Comme le suggère Max Weber, il y a l'éthique de conviction et l'éthique de responsabilité. L'équilibre entre ses propres convictions et les responsabilités d'un individu envers son employeur, sa famille, la société, ... est la ligne qui se dessine et qu'on décide de franchir ou pas.

Encore, faut-il assumer ses pratiques professionnelles. Nous l'avons vu avec la théorie de la dissonance cognitive, quand un individu n'est pas en phase avec ses actions, il a trois options dont celle de nier, mais ce chemin mène à la folie. Euphémiser n'est pas nier, c'est dissimuler en minimisant la pratique et son impact. Cette façon de cacher à demi-voix est principalement une façon de faire de la culture française, car les pays anglo-saxons assument plus facilement leurs pratiques. Parfois on euphémise, car on ne connaît pas une pratique et parfois, afin que responsabilité et conviction se joignent dans la consonance.

L'éthique professionnelle de façon générale se situe donc entre une éthique de convictions qui dépendra des valeurs que nous souhaitons défendre à titre personnel et du locus de contrôle que nous savons. Une personne qui a conscience de l'impact de son travail et de ses responsabilités, aura forcément une éthique de conviction haute. Enfin, il faut avoir les moyens de porter ses propres valeurs et donc avoir de l'éthique de responsabilité. Cela repose principalement sur la capacité qu'a un individu à s'opposer à un client ou à un employeur.

CONCLUSION

L'UX Design est souvent défini comme une pratique innovante qui, pour certains, consiste à mettre l'utilisateur au centre des réflexions et, pour d'autres, à mettre l'expérience au centre des réflexions. Je n'ai trouvé aucune définition de l'UX Design, alors je l'ai analysé dans le présent document, avec pour objectif ultime, celui de répondre à une problématique : L'UX Design est-il un procédé révolutionnaire socioconstructiviste ou une approche expérientielle qui transforme l'approche shanonnienne du numérique en processus interactionnel ? Pour répondre à cette problématique, nous avons analysé l'UX Design sous différents aspects, à partir des récits de professionnels, en nous référant à différentes disciplines scientifiques comme la psychologie, la sociologie, la gestion ainsi que l'information et communication.

Il convient ici, de donner une définition de l'UX Design, au-delà de toute interprétation des professionnels qui prétendent en faire. Je donne ici une définition qui reprend les concepts théoriques des pratiques qui sont utilisées dans l'UX Design.

- L'UX Design est avant tout apparu à l'époque de la normalisation. La norme, c'est ce besoin de tout normaliser et de tout justifier par des éléments factuels. Dans la pratique de l'UX Design, il n'y a plus de notion d'instinct du communicant dans le processus de conception. Ce processus vient d'un autre courant de pensée, souvent confondu avec l'UX Design qui est l'approche centrée sur l'utilisateur. Ce procédé utilise de nombreuses normes et propose d'optimiser les interfaces pour se concentrer sur l'utilisateur et mettre en place un système de conception qui propose d'observer l'utilisateur. Il s'agit tout simplement de l'incubation des usages. L'objectif sera de valider l'expérience, le concept, l'ergonomie, les comportements, …

- L'UX Design est clairement basé sur le principe d'expérience utilisateur qui prend sa source dans le marketing expérientiel et toutes les avancées scientifiques, faites dans ce domaine, ainsi que dans ses transpositions sur les outils numériques. L'idée est d'emmener le consommateur ou l'utilisateur dans une satisfaction hédoniste qui lui fera oublier le produit ou le service, allant du plaisir à la jouissance dans certains cas.
- L'UX Design, de par son besoin de normaliser la communication, se tourne vers la psychologie et notamment la psychologie sociale qui permet d'engager des utilisateurs ou des consommateurs dans des boutiques eCommerce ou des services en ligne.

L'UX Design est un métier émergeant qui se démocratise. Il véhicule beaucoup d'idées et de phantasmes dont le principal est le côté révolutionnaire du concept. Comme nous l'avons vu, l'UX Design est un assemblage de méthodologies et de pratiques professionnelles qui existent depuis de nombreuses années. La pratique de l'incubation des usages, par exemple, est une pratique utilisée depuis longtemps par les firmes qui veulent innover. L'approche expérientielle repose sur un paradigme qui a été développé en 1982. L'approche scientifique des projets était l'essence même du taylorisme.

Mais il est très clair que l'UX Design révolutionne totalement les approches traditionnelles des processus de conception des sites Internet. Ainsi dans l'approche, que je qualifie de shanonnienne, le communicant avait pour objectif de trouver de belles images, de belles photos et de belles infographies, pour y adjoindre un texte bien structuré. Cette époque est révolue ! A cheval entre esthétisme et argumentaire, cette approche shanonnienne partait du principe émetteur (site Internet) à récepteur (visiteur). La technologie aidant les processus complexes expérientiels, la communication numérique devient un univers d'une autre dimension où l'interaction est indispensable. L'UX Design modifie également les structures des entreprises. Les nouveaux concepteurs ne sont plus des communicants, mais des psychologues et des sociologues. Cette métamorphose des structures humaines qui produisent la communication numérique, permettra de verrouiller la fin de l'ère shanonnienne. Le design laisse place à l'ergonomie, l'expérience professionnelle du communicant laisse place à la norme, l'information se transforme en action, pour laisser place à l'orchestration d'une communication numérique qui répond à des processus scientifiques orientés vers l'expérience utilisateur et aseptisés de tout instinct. L'UX Design est donc innovant, car il assemble tous ces nouveaux concepts dans une méthodologie qui répond à la performance calculable de la communication.

Je pensais, au départ, que l'UX Design avait une approche qui intégrait l'utilisateur dans le processus. Ceci est vrai et nous l'avons vu, il y a des méthodes très intéressantes qui permettent d'intégrer l'utilisateur. Il ne faut surtout pas s'arrêter à ce phénomène d'intégration en apparence, il faut voir les méthodes. Certaines vont de la cobayisation des utilisateurs jusqu'à de vrais processus socioconstructivistes. Encore une fois, c'est au communicant, qui fait de l'UX Design, de choisir s'il veut appliquer l'instinct à travers des procédés de conception participatifs ou s'il pense que seuls les actes comptent et que l'utilisateur n'est pas digne de confiance dans ce qu'il dit. Dans ce deuxième cas, le professionnel utilisera des méthodes de consultations directives et il n'y aura même pas d'échanges avec l'utilisateur. La parole qu'on lui donnera et la prise en compte de l'humain dépendront du curseur que met le communicant. Parfois même ce procédé n'est qu'une façade illusoire qui permet d'engager des utilisateurs dans une communauté, en lui faisant croire que son avis compte. Le côté socioconstructiviste des projets UX Design dépendront donc de l'approche recherchée et de la façon dont le communicant voit les choses.

Le passage d'une communication numérique shanonnienne à un dispositif cognitif sert l'intérêt de l'expérience. Cette expérience permet d'immerger l'utilisateur dans un environnement où l'interaction est au cœur de la conception. L'expérience, où l'accumulation de petites expériences positives permettront d'engager l'utilisateur et de le pousser à revenir et donc à utiliser le service, le logiciel ou acheter des produits, est formidable. L'enjeu pour les entreprises aujourd'hui est de créer de l'interaction à plusieurs niveaux. Premièrement, il y a interaction entre l'entreprise et l'utilisateur, ceci passe par une expérience utilisateur, mais aussi une fidélité attendue de l'utilisateur ou du consommateur. Deuxièmement, une interaction entre les membres du service, pour donner une expérience à taille humaine. Ces interactions permettent de calculer des parcours pour les utilisateurs et de leur donner des objectifs et ceci avec l'avantage de pouvoir y créer des scénarios, qui intègrent les processus d'accès à la jouissance, comme dans le modèle des flux. Le processus d'accès à la jouissance ou au plaisir à travers l'expérience nécessitant des étapes préparatoires, la conception se fait par modèles d'actions et non plus en terme de structure de l'information. Le domaine de la psychologie permettra de maîtriser l'état mental de l'utilisateur pour agir comme un facilitateur émotionnel. Enfin, pour s'assurer la fidélité, un comportement d'utilisation ou d'achat et pour changer la façon d'agir d'un utilisateur, on pourra entrer dans le domaine de la psychologie sociale et utiliser ces théories pour manipuler, au sens large, l'utilisateur dans un univers virtuel. Le vaste domaine de la psychologie sociale permet d'obtenir parfois des résultats qui sont stupéfiants.

Tout comme l'ont dit Watzlawick et Goffman : on ne peut pas ne pas communiquer c'est le principe de l'interaction. A la lumière des théories de l'UX Design et du constat que l'Humain perçoit la vie comme une expérience qui regroupe un ensemble d'actions lui permettant de se percevoir ; le fait qu'un professionnel ne propose pas d'expérience utilisateur sera perçu comme une expérience négative. Je propose de poser le concept de l'impossibilité de ne pas vivre une expérience sur un outil numérique pour un utilisateur et donc de l'impossibilité de ne pas proposer une expérience utilisateur pour un professionnel : on ne peut donc pas ne pas avoir une approche expérientielle.

L'UX Design est une approche expérientielle qui transforme l'approche shanonnienne du numérique en processus interactionnel, que j'ai même qualifiée d'orchestrale. Afin de synthétiser cette approche, je propose les schémas suivants :

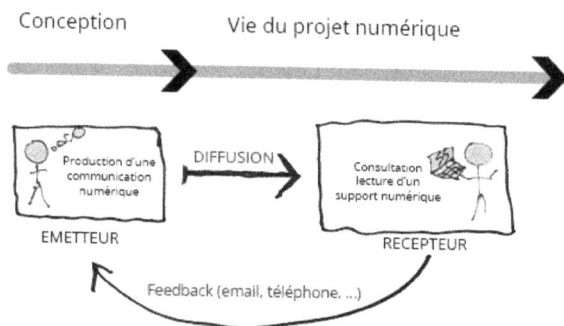

Modèle shanonien du processus de production et de consommation numérique

Figure 7 - Modèle shanonnien du processus de production numérique

Dans le modèle shanonnien, la conception se fait tout d'abord du côté du communicant. Il prend le besoin du client, fait des études, mais se base sur son savoir et son expérience, pour réaliser un projet numérique que le client validera. Il mettra ensuite en ligne le projet numérique, pour qu'il soit disponible auprès des visiteurs cibles. Cet outil numérique sera consulté par des visiteurs qui pourront éventuellement contacter l'émetteur, via son téléphone ou ses coordonnées laissées à cet objet. On peut aussi trouver des formulaires, mais qui n'ont que pour objectif, celui de contacter l'émetteur, d'où la notion de feedback. Il s'agit ici des premiers sites Internet, mais force est de constater, que ce modèle est encore très largement utilisé. Si vous prenez le site Internet de l'Université de Bordeaux Montaigne, il est sous ce modèle. Même l'intégration des modules proposés par les réseaux sociaux reste sur ce modèle, puisque ceux-ci proposent d'afficher votre flux Twitter ou Facebook. Seulement, si vous voulez cliquer sur le module Twitter ou Facebook, vous entrerez dans un modèle orchestral et interactionnel. Voici donc le schéma du modèle orchestral de l'UX Design :

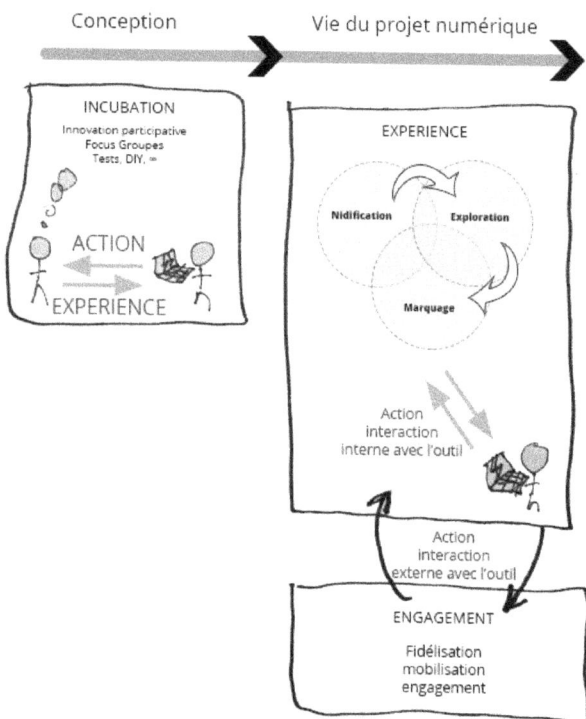

Conception — Vie du projet numérique

INCUBATION
Innovation participative
Focus Groupes
Tests, DIY, =

ACTION
EXPERIENCE

EXPERIENCE

Nidification — Exploration

Marquage

Action
interaction
interne avec l'outil

Action
interaction
externe avec l'outil

ENGAGEMENT

Fidélisation
mobilisation
engagement

Antoine Monchecourt

Modèle orchestral du processus de production et de consommation numérique

Figure 8 - Modèle orchestral du processus de production numérique

La conception est déjà une expérience à elle seule, puisqu'elle intègre l'utilisateur dans son processus d'innovation et de validation du projet numérique. L'utilisateur y est déjà engagé, sous forme de tests ou de méthodes diverses. Ce modèle va alors immerger l'utilisateur dans une expérience basée sur le modèle des flux ou sur le principe d'étapes, allant de la nidification au marquage. L'objectif est donc la jouissance ou le plaisir pour fidéliser, informer, faire utiliser ou faire consommer. Ce modèle est couplé à l'engagement, puisque, pour faire vivre l'expérience, il faut que l'utilisateur s'y engage. Cette méthode dyadique entre engagement et expérience fait de cette méthode de communication numérique un outil particulièrement efficace. L'interaction est au cœur de tous les processus communicationnels, et c'est pour cela que je le qualifie d'orchestral[54].

Mais l'UX Design n'est pas qu'une approche expérientielle qui transforme l'approche shanonnienne du numérique. C'est aussi un procédé socioconstructiviste dans certains cas, mais cet aspect ne dépend que du communicant qui utilise l'UX Design. En effet, si le communicant utilise l'UX Design, en voulant laisser s'exprimer l'utilisateur, le projet sera socioconstructiviste. En revanche, s'il utilise des théories scientifiques et ne fait qu'observer ses utilisateurs comme des cobayes, le projet ne sera pas une construction sociale. Afin de synthétiser mon approche, je propose le schéma suivant :

---

[54] Je le qualifie d'ochestral en référence à Winkin (Winkin, Anthropologie de la communication, 1996), comme je l'ai déjà evoqué dans ce document.

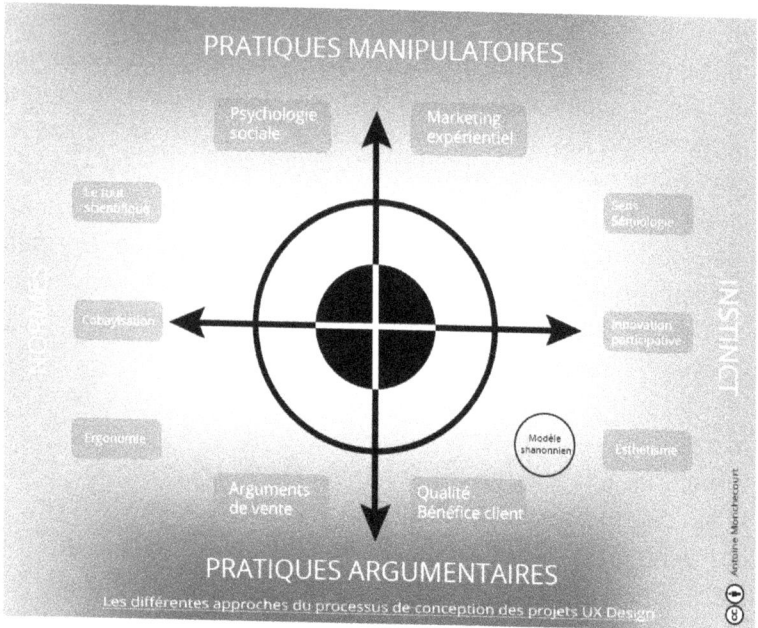

Figure 9 - Différentes approches du processus de conception UX Design

On distingue 2 axes majeurs. Le premier va de la manipulation à l'argumentation. En effet, il existe aujourd'hui deux façons de promouvoir : convaincre avec un argumentaire ou manipuler (ce qui n'empêche pas d'argumenter, mais ce n'est pas la même approche). Le deuxième axe est celui qui va de la norme à l'instinct. Pour réaliser un site Internet, on se base sur son instinct (ou l'instinct des utilisateurs) sinon, de façon normative, on les observe et on applique des normes qui « garantissent » le succès du projet. Chaque professionnel viendra placer son curseur UX Design en fonction de ses pratiques, de son éthique et de ses objectifs. Par exemple, un professionnel du marketing positionnera son curseur sur l'expérience, un professionnel de la psychologie le positionnera sur la psychologie, un ergonome le positionnera sur l'ergonomie, ... L'UX Design est le carrefour entre des métiers bien différents qui ont une approche totalement différente des choses, et c'est ce phénomène qui ne permet pas d'avoir la même définition d'un professionnel à l'autre.

Chaque professionnel de la communication pourra pratiquer l'UX Design et pourra positionner le curseur où il le souhaite, selon le schéma que je propose. En fonction de ses choix, il se positionnera selon la question de l'éthique des pratiques professionnelles des métiers de la communication. Nous ne pouvons pas juger ces méthodes, puisque chaque choix appartient à celui qui les fait et que, comme nous l'avons vu, l'éthique n'engage pas que les convictions du communicant. Le temps que nous avons, pour nous et nos proches, est de plus en plus capté et aspiré dans des expériences qui nous déconnectent de la réalité. Il suffit de prendre le train, le tramway, pour voir des centaines, des milliers de personnes aspirées par leurs téléphones ou même simplement par des publicités dans la rue. Il suffit de voir le succès des méthodes Mindfullness, qui sont des méthodes de méditation et qui apprennent à se concentrer sur l'instant présent. Ces méthodes sont même de plus en plus utilisées en entreprise pour « aider » les salariés à se concentrer et être sereins. Le serpent se mangerait-il la queue ?

Bibliographie et œuvres citées

Sites Internet

AFJC mediametrie. (2015, 03). *Mesure sites Internet*.
Consulté en aout 2015, sur Mesure impact mobile:
http://www.afjv.com/news/5020_45-des-visites-de-sites-via-les-mobiles-et-tablettes.htm
Agence Lunaweb. (2012). *UX, UI*. Consulté en aout 2015, sur
Blog Lunaweb: http://blog.lunaweb.fr/ux-ui-experience-utilisateur-interface/
Dark Patterns. (2015). *Dark Patterns: fighting user deception worldwide*. Consulté en aout 2015, sur Dark Patterns:
http://darkpatterns.org/
Facebook. (2015). *Recrutement*. Consulté en aout 2015, sur
Facebook: https://www.facebook.com/careers
Facebook. (2015). *User Experence*. Consulté en aout 2015,
sur Facebook Research:
https://research.facebook.com/userexperience/
La revue du digital. (2014, juin). *Facebook manipule les émotions de 600 000 utilisateurs pour un test*. Consulté le
2015, sur La revue du digital:
http://www.larevuedudigital.com/2014/06/29/facebook-a-teste-la-manipulation-emotionnelle-de-centaines-de-milliers-de-ses-utilisateurs/
Marriott. (2015). *Chicago Hot Spot*. Consulté en aout 2015,
sur Marriott Traveler: http://traveler.marriott.com/chicago/
MeasuringU. (2015). *MeasuringU*. Consulté en aout 2015, sur
MeasuringU: http://www.measuringu.com/

modérateur, B. d. (2015, mai). *Chiffres Internet*. Consulté en aout 2015, sur Blog du modérateur: http://www.blogdumoderateur.com/chiffres-internet/

Nahai, N. (2015). *Events*. Consulté en aout 2015, sur The Web Psychologist: http://www.thewebpsychologist.com/past-events/

Netcraft. (2015, juin). *Web Server Survey*. Récupéré sur Netcraft: http://news.netcraft.com/archives/category/web-server-survey/

Santucci, N. (2015, mars). *Facebook teste un kit anti-suicide pour ses utilisateurs*. Consulté en aout 2015, sur Libération: http://www.liberation.fr/societe/2015/03/02/facebook-teste-un-kit-anti-suicide-pour-ses-utilisateurs_1212562

SAP. (2015). *SAP User Experience Community*. Consulté en aout 2015, sur SAP: https://experience.sap.com/

Simon, N. (2015). *Blog de l'UX*. Consulté en aout 2015, sur IDRAC: http://leblogdumarketingexperientiel.blog-idrac.com/

Tinder. (2015). *Tinder*. Consulté en aout 2015, sur Tinder: http://www.gotinder.com/

Tufekci, Z. (2015, juin). *Mark Zuckerberg, Let Me Pay for Facebook*. Consulté en aout 2015, sur New York Times: http://www.nytimes.com/2015/06/04/opinion/zeynep-tufekci-mark-zuckerberg-let-me-pay-for-facebook.html

U.S Department of Health & Human Services, U. G. (s.d.). *Personas*. Consulté en aout 2015, sur usability.gov: http://www.usability.gov/how-to-and-tools/methods/personas.html

UX Award. (2014). *2014 Entries*. Consulté en aout 2015, sur UX Award: http://userexperienceawards.com/2014-entries/

Wikipedia. (2015). *Bien immatériel.* Consulté en aout 2015,
sur Wikipedia:
https://fr.wikipedia.org/wiki/Bien_immat%C3%A9riel
Wikipedia. (2015). *Conception centrée sur l'utilisateur.*
Consulté en aout 2015, sur Wikipedia:
https://fr.wikipedia.org/wiki/Conception_centr%C3%A9e_sur_l
%27utilisateur
Wikipedia. (2015). *Design plat.* Consulté en aout 2015, sur
Wikipedia: https://fr.wikipedia.org/wiki/Design_plat
Wikipedia. (2015). *Diagramme KJ.* Consulté en aout 2015, sur
Wikipedia: https://fr.wikipedia.org/wiki/Diagramme_KJ
Wikipedia. (2015). *Ergonomie.* Consulté en aout 2015, sur
Wikipedia: https://fr.wikipedia.org/wiki/Ergonomie
Wikipedia. (2015). *Incidents critiques.* Consulté en aout 2015,
sur Wikipédia:
https://fr.wikipedia.org/wiki/M%C3%A9thode_des_incidents_c
ritiques
Wikipedia. (2015). *Marketing expérientiel.* Consulté en aout
2015, sur Wikipedia:
https://fr.wikipedia.org/wiki/Marketing_exp%C3%A9rientiel
Wikipedia. (2015). *Marketing expérientiel.* Consulté en aout
2015, sur Wikipedia:
https://fr.wikipedia.org/wiki/Marketing_exp%C3%A9rientiel
Wikipedia. (2015). *Printemps arabe.* Consulté en aout 2015,
sur Wikipedia: https://fr.wikipedia.org/wiki/Printemps_arabe
Wikipedia. (2015). *Skeuomorphisme.* Consulté en aout 2015,
sur Wikipedia: https://fr.wikipedia.org/wiki/Skeuomorphisme
Wikipedia. (2015). *Twitter Bootstrap.* Consulté en aout 2015,
sur Wikipedia: https://fr.wikipedia.org/wiki/Twitter_Bootstrap

Yharrassarri, R. (2013, 05 20). *Accord de participation pour des tests utilisateurs*. Consulté en aout 2015, sur iErgo: http://blocnotes.iergo.fr/articles/accord-de-participation-pour-des-tests-utilisateurs/

Yharrassarri, R. (2015). *Psychologie*. Consulté en aout 2015, sur iErgo: http://blocnotes.iergo.fr/tag/psychologie/

Articles

Agence Pour la Promotion de la Création Industrielle (APCI), Cité du design et Institut Français de la Mode (IFM), pour le compte de la Direction Générale de la Compétitivité de l'Industrie et des Services (DGCIS), ministère de l'Economie de l'Industrie e. (2012). *Economie du design.*

Articles scientifiques

Airbnb, Frandkin, A., Grewalt, E., Holtz, D., & Pearson, M. (2015, juillet). Bias and Reciprocity in Online Reviews: Evidence From Field Experiments on Airbnb.

Beuscart, J.-S., Dagiral, É., & Parasie, S. (2009). *Sociologie des activités en ligne (introduction).* (p. 3.-2. errains & travaux 1/2009 (n° 15), Éd.) Récupéré sur Cairn: http://www.cairn.info/revue-terrains-et-travaux-2009-1-page-3.htm

Breton, Y. (1984). *La théorie schumpétérienne de l'entrepreneur ou le problème de la connaissance économique .* Récupéré sur Persee:

http://www.persee.fr/web/revues/home/prescript/article/reco_0
035-2764_1984_num_35_2_408778

Brousseau, E., & Penard, T. (2007). The Economics of Digital
Business Models: A Framework for Analyzing the Economics
of Platforms . *Review of Network Economics , 6* (2).

Brunel, O., Gallen, C., & Roux, D. (2009). Le rôle de
l'appropriation dans l'expérience de consommation
alimentaire. Une analyse de blogs. *HAL hal-00423356* .

Carù, A., & Cova, B. (2006). Expériences de consommation et
marketing expérientiel. . *Revue française de gestion , 3* (162),
99-113.

Carù, A., & Cova, B. (2006). L'accès au plaisir/jouissance
dans l'expérience de consommation : une investigation du cas
spécifique des expériences virtuelles. *CERMAB* .

Carayol, V. (2004). L'impossible audit de la communication.
Communication et organisation .

Carter, T. J., & Gilovich, T. (2012). I Am What I Do, Not What I
Have: The Differential Centrality of Experiential and Material
Purchases to the Self. *Journal of Personnality and Social
Psychologie , 102* (6), 1304-1317.

Courbet, D., Lavigne, F., & Vanhuele, M. (2008). EFFETS
PERSUASIFS DE L'E-PUBLICITÉ PERÇUE « SANS
CONSCIENCE » EN VISION PÉRIPHÉRIQUE.
IMPLICATIONS POUR LES RECHERCHES SUR LA
RÉCEPTION DES MÉDIAS. *Questions de Communication* ,
197-219.

Cova, B., & Deruelle, V. (2010). A la recherche du plaisir dans
les études consommateurs : le cas des Orange Labs.
Management et avenir (31), 14-30.

Georges, F. (2008). *L'identité numérique dans le web 2.0.*
Consulté en aout 2015, sur Site Internet de Fanny Georges -
Le mensuel de l'Université n°27. Juin 2008. :
http://fannygeorges.free.fr/doc/georgesf_mensueluniversite.pd
f

Georges, F. (2009). *Représentation de soi et identité
numérique. Une approche sémiotique et quantitative de
l'emprise culturelle du web 2.0.* Consulté en aout 2015, sur
CAIRN Réseaux 2/2009 (n° 154) p. 165-193 :
www.cairn.info/revue-reseaux-2009-2-page-165.htm.

Guéguen, N., Legohérel, P., & Jacob, C. (2003). Sollicitation
de participation à une enquête par courriel : effet de la
présence sociale et de l'attrait physique du demandeur sur le
taux de réponse. Revue Canadienne des sciences du
comportement.

Guéguen, N., Martin, A., & Fischer-Lokou, J. (2010).
Sentiment de Liberté et Comportement de Soumission : deux
expériences sur l'impact de l'évocation de la liberté d'un
internaute à accepter une requête formulée par email. *17 (3)* .
European Journal of Social Sciences.

Le Goff, J. (2013). Salarié, uen espèce en voie de disparition.
C.E.R.A.S.

Peterson Jr., A. V., Kealey, K. A., Mann, S. L., Marek, P. M., &
Sarason, I. G. (2008). Hutchinson Smoking Prevention
Project: Long-Term Randomized Trial in School-Based
Tobacco Use Prevention—Results on Smoking. *Journal of the
National Cancer Institute , 92* (24).

Rotter, J. B. (1990). Internal versus external control of reinforcement: A case history of a variable. *American Psychologist , 45* (1), 489-493.

Simon, F. (2007). Les composantes de l'expérience virtuelle de recherche d'information : imagination, plaisir et immersion. *Laboratoire GRAICO* .

Livres

Auzoult, L. (2012). *Consience de soi et régulations individuelles et sociales.* Paris, FR: Dunod.

Bem, D. (1972). *Self perception theory.* New York: Academic Press.

Berjot, S., & Delelis, G. (2014). *27 grandes notion de la psychologie sociale.* Paris, Dunod.

Bernays, E. (1928). *Comment manipuler l'opinion en démocratie.* New York, USA: Edward Berneys.

Bernoux, P. (2004). *Sociologie du changement.* Paris: Edition du Seuil.

Blanc, N., & Vidal, J. (2009). *Publicité et psychologie.* Paris, In Presse Edition.

Bonu, B., Jouët, J., Kessous, E., Mallard, A., Mauco, O., Metzger, J.-I., et al. (2011). *Communiquer à l'ère du numérique.* Paris: Presses des mines.

Brehm, J. W. (1966). *A theory of spychological reactance.* New York: Academic Press.

Bourdieu, P. (1982). *Langage et pouvoir symbolique.* Paris, FR: Librairie Arthème Fayard.

Carayol, V. (2004). *Communication organisationnelle : une perspective allagmatique.* Bordeaux, FR: L'Harmattan.

Chandezon, G., & Lancestre, A. (1982). *L'analyse transactionelle.* Paris, Presse Universitaire de France.

Corneille, O. (2010). *Nos préférences sous influences.* Louvain, Editions Mardaga.

Daumal, S. (2015). *Design d'expérience utilisateur - 2nd édititon.* Paris: Eyrolles.

Durkeim, E. (1897). *Le suicide.* Paris.

Forest, D. (2014). *Neuroscepticisme* . Montreuil sous bois, Les Editions Dithaque.

Goffman, E. (1963). *Involvement.* New York: The Free Press.

Guéguen, N. (2014). *Psychologie de la manipulation et de la soumission.* Paris, Dunod.

Guilhaume, G. (2009). *L'ére du coaching.* Paris, Edition Syllepse.

Hall, E. T. (1959). *Le langage silencieux.* New York: Garden City.

Joule, R.-V., & Beauvois, J.-L. (1998). *La soumission librement consentie.* Paris, FR: Presse Universitaire de France.

Joule, R.-V., & Beauvois, J.-L. (2014). *Petit traité de manipulation à l'usage des honnêtes gens.* Grenoble, FR: Presse universitaire de Grenoble.

Laboratoire MICA. (2013). *Abécédaire - Vingt ans de recherches et de publication en communication des organisations.* Bordeaux: Presse Universitaire de Bordeaux.

Le bon, G. (1895). *Psychologie des foules.* Paris, France: Gustave Le Bon.

Puddicombe, A. (2011). *Mon cours de méditation*. Londre, Larabout.

Watzlawick, P. (1976). *La réalité de la réalité*. New York: Edition du seuil.

Watzlawick, P. (1980). *Le langage du changement*. Paris, Edition du Seuil.

Watzlawick, P., Helmick Beavin, J., & Jackson, D. D. (1972). *Une logique de communication*. Paris, Edition du Seuil.

Watzlawick, P., Weakland, J., & Fisch, R. (1975). *Changements : paradoxes et psychothérapie*. Paris, Edition du Seuil.

Winkin, Y. (1981). *La nouvelle communication* Paris, Edition du Seuil.

Winkin, Y. (1996). *Anthropologie de la communication*. Paris, Edition du Seuil.

Entretiens

Bichope, C. (2015, Juillet 12). Consultante et formatrice en ergonomie et design. (A. Monchecourt, Intervieweur)

Domoll, J. (2015, juillet 21). Consultant en stratégie UX. (A. Monchecourt, Intervieweur)

Yassol, J. (2015, Juin 13). Psychologue / UX Designer. (A. Monchecourt, Intervieweur)

Langer, S. (2015, Juillet 11). Ergonome IHM. (A. Monchecourt, Intervieweur)

Table des matières

Dépôt légal : novembre 2015
Printed by CreateSpace, An Amazon.com Company